救国シンクタンク叢書

自由主義の基盤としての財産権

コロナ禍で侵害された日本国民の権利

救国シンクタンク［編］

総合教育出版

はじめに

憲法とは、国家における最高の法である。その最も重要な一面が、国民の自由を守ることである。特に、政府権力がみだりに国民の権利を侵害しないよう、憲法典の条文が定められる。ただし、自由は無制限ではないのであって、誰かが制約しなければならない。だから憲法は、政府が国民の権利を制約する手続きを定める。

つまり、政府が国民の権利を制約するには憲法以下法令の定める手続きによらねばならない。この場合の政府には、立法・行政・司法の他に地方自治体も含まれる。

令和二（二〇二〇）年から一年以上にわたり、政府による新型コロナウイルス感染症対策によって多くの国民は様々な制約を課され、多大な負担・犠牲を強いられている。では、その手続きは適正であっただろうか。

コロナ禍を鎮めなければならない。これに異論を挟む者はおるまい。だが、「コロナ禍だから」と、好き勝手に国民の権利を制限する資格は誰にもない。文明国の憲法は、非常時にこそ、国民の権利が不当に侵害されないように制定されている。

では、日本国憲法はコロナ禍で、機能しているであろうか。この点を本書は検討する。

本書は、一般社団法人　救国シンクタンクにおいて行われた新型コロナウイルス感染症対策に関する法令研究と憲法学的研究レポートをもとに、加筆・編集を行ったものである。

目次

序章　現在の日本には、国民の自由が大切であるという議論がない

そもそも、憲法とは何か――憲法は憲法典だけではない

一般的に広まっている憲法に対する認識は、「日本国憲法の条文が日本国の憲法のすべて」であろう。しかし、日本国憲法の条文になっている部分は日本国の憲法の一部にすぎない。

憲法とは、国家体制そのもののことである。国体とも呼ばれる。

それぞれの国に歴史・文化・伝統があり、そのなかで国家統治の規範として確認するために成文化された法典を憲法典と呼ぶ。

だから、日本国憲法は、日本国の憲法の一部であって、すべてではない。この認識は実は、現在の憲法学の支配的見解でもある。

たとえば、日本で最も広く使われている憲法学の教科書は、芦部信喜が書いた『憲法』である。通称「アシベの憲法」には、以下のごとく書かれている。

1　形式的意味の憲法と実質的意味の憲法

憲法の概念は多義的であるが、重要なものとして三つ挙げることができる。

（一）形式的意味　これは、憲法という名前で呼ばれる成文の法典（憲法典）を意味する場合である。形式的意味の憲法と呼ばれる。たとえば、現代日本においては「日本国憲法」がそれにあたる。この意味の憲法は、その内容がどのようなものであるかには関わらない。

（二）実質的意味　これは、ある特定の内容をもった法を憲法と呼ぶ場合である。成文であると不文であるとを問わない。実質的意味の憲法と呼ばれる。この実質的意味の憲法には二つのものがある。

（1）固有の意味　国家の統治の基本を定めた法としての憲法であり、通常「固有の意味の憲法」と呼ばれる。国家は、いかなる社会・経済構造をとる場合でも、必ず政治権力とそれを行使する機関が存在しなければならないが、この機関、権力の組織と作用および相互の関係を規律する規範が、固有の意味の憲法である。この意味の憲法はいかなる時代のいかなる国家にも存在する。

（2）立憲的意味　実質的意味の憲法の第二は、自由主義に基づいて定められた国家の基礎法である。一般に「立憲的意味の憲法」あるいは「近代的意味の憲法」と言われる。一八世紀末の近代市民革命期に主張された。専断的な権力を制限して広く国民の権利を保障するという立憲主義の思想に基づく憲法である。その趣旨は、「権利の保障が確保されず、権力の分立が定められていない社会は、すべて憲法をもつものではない」と規定する有名な一七八九年フランス人権宣言一六条に示されている。この意味の憲法は、固有の意味の憲法とは異なり、歴史的な観念であり、その最も重要なねらいは、政治権力の組織化というよりも権力を制限して人権を保障することにある。

（芦部信喜『憲法　新版補訂版』一九九九年、岩波書店四〜五頁）

さて、「アシベの憲法」解説を読んで、憲法とは何かが分かるであろうか。

実質的意味の憲法について説明している二項目のうち、最初の固有の意味という項で「国家の統治の基本を定めた法」と定義している。これは、どの時代、どの国であるかを問わず、国家を統治する機関と政治権力の組織や作用を規律する規範であると説明しているのだ。要するに国家の最高法である。次の「立憲的意味」の項を読むと「憲法とは憲法典のことでいいのだ」と誤解をする可能性がある。憲法の中で法典化されたものが憲法典（日本国憲法）なのだが、「憲法＝憲法典」と誤解する理由は、芦部信喜の説明が回りくどいためである。ただ、「日本国憲法の条文だけが日本の憲法ではない」と出発点で説明しているのは確かであり、これを否定する見解は憲法学界では見られない。

憲法と憲法典の違いをまとめると、以下のようになる。

憲法　＝実質的憲法＝国体
憲法典＝形式的憲法＝憲法

憲法典（日本国憲法）は、形式的憲法であり、憲法（実質的憲法・国体）を法典化したものである。芦部の説明では、憲法典（日本国憲法）が先にあり、その後に憲法（実質的憲法・国体）が存在するという逆の説明にも読める。このような分かりにくい説明になっているのは、日本国憲法が日本国の歴史・伝統・文化である憲法（実質的憲法・国体）に則っていると言いたくないためだろうか。

ちなみに、一部の保守言論人の中には、日本国憲法のことを「憲法違反の憲法」と批判する向きがあるが、実質的憲法と形式的憲法の概念を混同しているため、分かりづらい言い方になっている。「憲法違反の憲法典」「国体違反の憲法典」という言い方ならば概念の混同は無い。それはともかく、日本国憲法の制定過程に問題があるとしても、現実に憲法として運用している以上、政府も国民も憲法に従うのは当然だ。

そして、憲法は憲法典だけでは運用できない。現実の行政には、憲法に従った法律が制定され、政令・省令・告示・通達などによって運用されていく。憲法論とは、そのすべての考察である。最も下位にある通達に至るまで、憲法が要求する政治が行われたか。そこに憲法違反が無かったか。

コロナ禍だからと手続きを無視すれば、権利を侵害される国民が抵抗するのは当然である。悪法に従ってまで権利を制約されたくない、生命・財産・自由を侵害されたくないと考え行動する国民を責められる理由がどこにあるのか。

コロナ対策を適切に行うためにも、憲法論は重要なのである。

日本政府のコロナ対策〜第一回目の緊急事態宣言まで

令和三（二〇二一）年九月現在、一年半以上にわたる政府の新型コロナウイルス感染症対策は、終息への道筋を示すことができないでいる。連日のようにマスメディアで感染者数の増減が報じられ、国民は何となく政府の広報に従い続けている。地方自治体でも、防災放送などで緊急事態宣言下であるとのアナウンスが日々放送されている状態である。

政府のコロナ禍への対策が憲法上どのような意味を持つかを検討する前に、新型コロナウイルス感染症のパンデミック（世界的大流行）と、日本国内への感染の広がり、日本政府の大まかな動きを、時系列で要約しつつ振り返る。なお人物の肩書は、当時のまま記す。

令和元（二〇一九）年十二月、中国の湖北省・武漢市で原因不明の肺炎患者が確認される。この情報が日本国内で初めて認知されたのは、令和二（二〇二〇）年一月六日の厚生労働省の発表からである。この時点での厚生労働省の発表では「一月五日現在、中国では五十九例の確定例（うち七例は重症）。死亡例なし」となっていた。[1]

一月十一日、世界保健機関（ＷＨＯ）は、中国を中心に流行している新型コロナウイルス感染症の正式名称を「ＣＯＶＩＤ−19」と発表した。一月十六日には、日本国内で初の感染者が確認される。中国の湖北省・武漢市の滞在歴がある人物だった。[2]

中国当局は、一月二十三日に武漢の都市封鎖（ロックダウン）を決定する。中国では多数の中国人が国内を移動する春節（旧正月）が一月二十四日から始まるため、その前日に武漢市の市民一一〇〇万人の移動を止めさせた。二月に入ると、中国国内では四万人以上が感染し、死者は千名を超えた。中国当局は対策強化として、二月上旬には新型コロナウイルスの流行防止と管理に対する妨害に罰則を定める法律を策定する。[3]

素早い対処の中国に対し、日本政府の新型コロナウイルス感染症対策は明らかに遅かった。

中国からの観光客は、日本のインバウンド市場において最大の消費者である。そのため、春節（旧正月）で多くの中国人観光客が日本国内に訪れることになった。結果、一月二十八日に日本人の初感染を確認する。武漢市から訪れた観光客を乗せたバス運転手が感染した。[4]

日本政府が出入国管理による水際対策を決めたのは、一月三十一日の新型コロナウイルス感染症対策本部第三回会合である。この会合で、安倍晋三首相は水際対策の実効性を一層高め、感染拡大の防止に万全を期するため、二月一日から武漢市がある中国湖北省に滞

在歴のある外国人を入国拒否にすると発表した。▼5

だが、中国からの全面的入国禁止はなされなかった。その理由としては、中国の習近平国家主席が四月に来日予定であること、東京オリンピック開催が七月に控えていたことがあったためではないかと考えられた。

日本政府の初期対応の象徴的な事例が、クルーズ船「ダイヤモンド・プリンセス号」の検疫である。この船の乗客乗員三七一一人の、約二割に当たる七一二人が感染し、十三人が死亡している。ダイヤモンド・プリンセス号は一月二十日に横浜港を出港し、鹿児島、香港、ベトナム、台湾、沖縄に立ち寄った後、二月三日に横浜港に帰港した。その途中、一月二十五日に香港で下船した乗客が新型コロナウイルスに感染していたことが二月一日に判明していた。日本政府はダイヤモンド・プリンセス号の乗客乗員に下船を認めず、二月五日から二週間の検疫を開始する。

しかし、船内の検疫体制は不十分であったとされる。感染症の専門家である岩田健太郎神戸大学教授は、当時の船内の様子を撮影した動画を公開し、情報発信していた（動画は削除済み）。二月十八日にダイヤモンド・プリンセス号に乗り込んだ岩田教授は、ウイルスがいるかもしれないゾーンと、安全なゾーンを区別してウイルスから身を守るのが鉄則だが、船内はこの区別がついていなかったと説明し、「どこにウイルスがいるかわからない状態だった」と述べる。そもそも常駐しているプロの感染対策の専門家が一人もおらず、専門家がいる場合でも、船内の官僚は専門家に進言された意見を聞かないという状況だったと語る。[6]

船内の感染症対策が不十分であることが指摘されていたにもかかわらず、二週間の検疫期間が終了すると乗客は下船していった。結果、下船した乗客が陽性診断される事例も起こる。

ダイヤモンド・プリンセス号の検疫期間中の二月十三日には、日本国内初の新型コロナウイルス感染症による死者が確認される。日本国内でも新型コロナウイルスの感染者が増加する状況で政府が対策に動き出す。

二月十六日、首相官邸で第一回新型コロナウイルス感染症対策専門家会議が開催された。会議の冒頭、安倍首相は「政府としましては、この専門家会議で出された医学的・科学的な見地からの御助言を踏まえ、先手先手で更なる対策を前例に捉われることなく進めてまいります」と挨拶をした。[7]

翌十七日、厚労省は「新型コロナウイルス感染症についての相談・受診の目安」を公表し、感染の疑いを感じた人が「帰国者・接触者相談センター」に相談する基準を挙げている。

二月二十五日、総理大臣官邸で新型コロナウイルス対策本部が開催され、新型コロナウイルス対策の基本方針を決定する。症状の軽い感染者は自宅療養を原則とし、それ以外の国民には外出の自粛、テレワークや時差出勤の推進などを呼び掛けるとしていた。この時点では単なる「呼び掛け」であり、法的拘束力はない[8]。

二十五日時点では、「全国一律でイベント開催の自粛要請を政府方針として行わないこと」「全国の小中高校の臨時休校などについては、学校が適切に実施できるように各都道府県が要請する」ように政府は求めた。だが、一日で政府方針は変更される。

二月二十六日、新型コロナウイルス感染症対策本部会合で、安倍首相は全国的なスポーツ・文化イベントなどについて二週間の自粛を要請することを表明する。

翌二十七日に開催された新型コロナウイルス感染症対策本部では、全国すべての小中高校について三月二日から春休みまで臨時休校するように要請した。突然の臨時休校要請は、親や学校関係者らの対応を混乱させた。また、ライブイベントは急遽中止になり、興行関係者にも混乱が及ぶ。

安倍首相は二月二十九日に官邸で記者会見を開き、「これから一、二週間が、急速な拡大に進むか、終息できるかの瀬戸際となる。こうした専門家の皆さんの意見を踏まえれば、今からの二週間程度、国内の感染拡大を防止するため、あらゆる手を尽くすべきである。そのように判断いたしました」と述べ、政府の政策に対して国民に理解を求めた。[9]

この発言自体は、未知の伝染病に対する安全保障政策として、理解はできる。ただ、未知の伝染病への対応であるならば、二月二十九日の時点で感染の中心であった中国からの全面的な入国制限をしていなかったことは、理解に苦しむ。

二月下旬になると、中国だけではなく韓国やイタリアなどでも感染者が増加していた。この事態を受け、日本政府も三月五日に中国・韓国をはじめ、感染拡大が確認されている地域からの入国制限を決定する。国内の感染拡大を阻止する目的で、三月九日から施行された。

翌十日、新型コロナウイルス感染症対策として政府は「緊急事態宣言」を可能にする法案を閣議決定する。閣議決定された法案は、平成二十四（二〇一二）年に成立した新型インフルエンザ対策特別措置法の改正案であった。

改正特措法は、総理大臣が「緊急事態宣言」を行うと、自治体から国民に対して外出自粛や学校の休校を要請・指示することを可能とする法案である。この法案は閣議決定後、三月十三日に国会で可決され、成立した。

日本国内の感染者数は、三月終盤から一日で一〇〇人を超え、四月に入っても感染者数が一日で二〇〇人、三〇〇人と日に日に増加していった。そのような状況下にあった四月一日、政府のコロナ対策本部で安倍総理は、全国のすべての世帯を対象に一つの住所辺り二枚ずつ、布マスクを配布する方針を明らかにした。いわゆる「アベノマスク」である。

さらに四月七日、安倍首相は新型コロナウイルス感染拡大を受け、東京都、神奈川県、埼玉県、千葉県、大阪府、兵庫県、福岡県の七都府県に「緊急事態宣言」を発令した。

安倍首相は「人と人との接触機会を最低七割、極力八割削減することができれば、二週間後には感染者の増加をピークアウトさせ、減少に転じさせることができます」と述べ、国民に外出自粛を呼びかけた。[10]

四月十六日には「緊急事態宣言」の対象を全国に拡大することを表明し、「ゴールデンウイークにおける人の移動を最小化する観点から全都道府県を緊急事態措置の対象とすることといたしました」と理由を述べた。[11]

この理由が科学的に合理的であったかを検証することは、本書の範疇ではない。明々白々な事実を一点だけ述べれば、安倍首相の「二週間後」という数値目標は完全に破綻した。なぜなら、緊急事態宣言が延長されたからである。

緊急事態宣言の期限は五月六日とされていたが、安倍総理は五月四日の記者会見で「医療現場のひっ迫した状況を改善するためには、一か月程度の期間が必要であると判断いたしました。こうした考え方について、本日は尾身会長を始め、諮問委員会の専門家の皆さんの賛同を得て、今月いっぱい、今月末まで緊急事態宣言を延長することを決定いたしました」と緊急事態宣言の期間延長を発表する。▼12

最終的に緊急事態宣言が解除されたのは五月二十五日となった。

この緊急事態宣言期間において、明らかに国民はよく協力し、「都市封鎖」と同じ状態を出現せしめた。政府による緊急事態宣言の根拠となったコロナ特措法は、実際には法的拘束力を伴わない「要請」でしかないのだが、政府は国民に「自粛」させることによって法律の根拠なく国家経済を止めることが可能となった。

参考までに、国民がよく協力し、厳しい法令を必要としなかった事例を挙げる。第二次世界大戦末期の沖縄戦である。当時、明らかに沖縄には軍が直接住民を指揮する戒厳令が必要であったが、沖縄県民があまりにもよく協力してくれたので不要であった。それにもかかわらず沖縄戦で敗北した事例は、現代のコロナ禍を考える上で重要であろう。

日本政府のコロナ対策は超法規的行為の連続

各国の都市封鎖に見られる感染症対策は、言い換えれば政府が国民の権利を制約することによって感染症拡大の抑制を行う公衆衛生上の政策である。憲法論において重要な争点は、国民の権利を制約する場合に目的と手段が合理的であるかどうかである。新型コロナウイルスの感染が中国の湖北省・武漢市で確認された時点では、未知の感染症であったのは確かである。日本国内でも感染が拡大していく初期の段階で、日本政府が「緊急事態宣言」という経済活動を止める政策を実施したことも完全な間違いとは言い切れない。

だが、政府は「緊急事態宣言」を二回（令和三〔二〇二一〕年一月八日～三月二十一日）、三回（令和三〔二〇二一〕年四月二十五日～七月十一日）、四回（令和三〔二〇二一〕年七月十二日～八月三十一日）と繰り返すことになる。緊急事態宣言の発令中は、国民に対して様々な制約が課される。マスク着用の徹底、外出自粛、時短営業と数多くの制約が「コロナの感染拡大防止のため」という大義名分で進められた。当然、これらの国民の権利を制約する措置には、厳密な科学的根拠が求められる。

政府は新型コロナウイルス感染症への対応を検討する目的で、専門家会議を用意している。政府の専門家会議には、脇田隆字国立感染症研究所所長、尾﨑治夫東京医師会会長、尾身茂新型コロナウイルス対策分科会会長、西浦博北海道大学教授（後に京都大学教授）などが参加し、政府のコロナ対策における政策決定に影響を与えている。専門家会議の役割は、参加している専門家が知見に基づいて政府に対し助言を行うことである。政治家は、その助言を受け目的に応じた政策を決定する。

新型コロナウイルス感染症の感染症法上の位置付けは「指定感染症」である。分類とその対応は一覧表を参照されたい。新型コロナウイルス感染症は、結核などと同じ「二類相当」の扱いだが、政令改定を経て、一類と同様に無症状の感染者も含め入院勧告などの対象とした。さらに、一類にも見られない外出自粛要請を加えられている。そのため、感染症法上の実質的な位置付けは「一類以上」の扱いとなっている。一類に位置付けられる他の感染症は、ペストやエボラ出血熱などである。いずれも致死率の高い感染症で、ペストは三〇％から六〇％、エボラ出血熱は五〇％から九〇％とされる。エボラ出血熱は、二〇一四年に西アフリカで大きな流行が見られ、ＷＨＯ（世界保健機関）が「国際的に懸念される公衆衛生上の緊急事態」を宣言し、感染国に対して緊急事態宣言の発出を勧告したこ

感染症法に基づく主な分類		無症状者への適用	入院勧告	就業制限	医師の届け出
新型コロナウイルス感染症（指定感染症）		○	○	○	直ちに
新型インフルエンザ等感染症		○	○	○	直ちに
1類	エボラ出血熱、ペストなど	○	○	○	直ちに
2類	結核、SARSなど	X	○	○	直ちに
3類	コレラ、腸チフスなど	X	X	○	直ちに
4類	日本脳炎、マラリアなど	X	X	X	直ちに
5類	季節性インフルエンザ、手足口病など	X	X	X	原則7日以内

（厚生労働省などの資料より作成）

とがある。

つまり、現在の日本政府によるコロナ対策は「ペストやエボラ出血熱のように新型コロナは危険な伝染病かもしれない」との仮説に基づいて行われている。これは絶対に疎かにできない、議論の大前提である。

実際に新型コロナウイルス感染症がペストやエボラ出血熱のように危険な伝染病であるかどうか自体は、本書の対象外であるのでこれ以上深入りしない。憲法論の立場から明白に指摘できるのは、「現在のコロナ対策においては、仮にコロナがペストやエボラ出血熱のように危険な伝染病だったとしてもやってはならない、法的には何の根拠もない多くの措置が行われている」ということである。言うなれば、「当初の仮定に何の検証を加える事もなく超法規的措置を続けている」のが現状なのである。

第二回目の緊急事態宣言

令和二（二〇二〇）年の夏から冬にかけて、全国の感染者数は増減を繰り返しながら推移する。十一月には感染者数の増加傾向が明らかとなり、東京都における新規感染者数は年末年始にかけて連日七〇〇人超えを記録した。令和三（二〇二一）年一月七日には過去最多の二四四七人の感染が確認される。

同日、菅義偉首相は東京都、神奈川県、埼玉県、千葉県に対し一月八日から二月七日までを期間として、二度目の緊急事態宣言発令を決定する。菅首相は会見で「一カ月後には必ず事態を改善させる」との決意を示した。

同日の衆議院議院運営委員会では、西村経済再生担当大臣が東京都の緊急事態宣言解除の水準として「緊急事態宣言の解除は、感染の状況や医療のひっ迫の状況を踏まえ、ステージ三の対策が必要となる段階になったかどうかで判断していくことになる」と説明した。具体的な数字では「一週間当たりの感染者数が一〇万人当たりで二五人を下回ることになっている。これを東京都に当てはめると一日当たり約五〇〇人の水準になる」との指標が明らかにされている。[13]

一月八日から二回目の緊急事態宣言が発令され、東京都の新規感染者数は減少傾向となるが、二月二日には緊急事態宣言の期間を三月七日まで延長することが決定された。

その後、二月九日に確認された新規感染者数は四一二人で、二月七日から三日連続で五〇〇人を下回る。数値目標としては、西村経済再生担当大臣が一月七日に答弁した東京都の緊急事態宣言解除の水準「一日の新規感染者五〇〇人」を達成した。

ところが、二月九日に行われた尾崎治夫東京都医師会会長の定例会見では、新たな数値目標が提示される。尾崎会長は「四月以降に第四波が来ないよう、緊急事態宣言の期限の三月七日までに（一日あたりの）新規感染者数を一〇〇人くらいまで抑える必要がある」との見解を示したのである。[14]

三月五日、二回目の緊急事態宣言は三月二十一日まで期間が延長される。これでは、最初の数値目標は何だったのかと疑念を抱くのは当然であろう。

専門家会議の参加者に疑念を抱きたくなる実例は他にも存在する。たとえば「ＧｏＴｏ

キャンペーン」が行われていたときの尾身茂新型コロナウイルス感染症対策分科会会長である。

政府は、緊急事態宣言で日本経済を止める一方、特定業種に対する財政支援を試みる。新型コロナウイルス感染症流行の影響で売り上げが激減し、苦境に立たされている観光業や飲食業などに対する観光支援策である。「ＧｏＴｏキャンペーン」と称し、第一回目の緊急事態宣言解除後の令和二（二〇二〇）年七月二十二日から実施された。この「ＧｏＴｏキャンペーン」の実施直前、七月十六日に行われた経団連の夏季フォーラムの場で、尾身会長は旅行の移動自体で感染が起こるのではないとして、「ＧｏＴｏキャンペーン」の実施を支持する見解を述べていた。[15]

尾身会長がこの見解をひるがえしたのは、二回目の緊急事態宣言発令が決定されるおよそ一か月前の十二月十一日である。尾身会長は記者会見で、分科会が感染状況を深刻だとした地域の一部を対象に「ＧｏＴｏキャンペーン」を一時停止するように求めたのである。[16]

尾身会長の会見から三日後、十二月十四日に開かれた新型コロナウイルス対策本部において、政府は感染者数が増加傾向にあるとして「ＧｏＴｏキャンペーン」を全国一斉に一時停止すると発表する。

この発表から一週間後の十二月二十一日には、飲食店を狙い撃ちするかのような見解が示された。尾身会長は西村経済再生担当大臣とともに緊急の記者会見を開き、国内の感染状況について「飲食を中心として感染拡大していると考えられるため、会食、飲食による感染拡大リスクを徹底的に抑えることが必要だと思います」と述べたのである。

尾身会長は会見で「イギリスのデータですが、（中略）ロックダウンみたいなことがあって再開した時に、どの施設を再開したことによって感染が広がったか、感染拡大に寄与したかを示しますと、これは圧倒的に最初のレストランが多いということで、（後略）」と述べている▼[17]。

尾身会長は、「ＧｏＴｏキャンペーン」の開始前には、旅行に問題はないとお墨付きを与えておきながら、感染者数が増加傾向になるや、一転して批判する立場を取ったのである。

しかも、この記者会見では感染経路の不明な六割の感染者について「我々は直接的なエビデンスはない」としながらも、「イギリスのデータ」を持ち出して「多くは飲食店における感染によるもの」として飲食業をコロナ感染拡大の諸悪の根源のごとく糾弾するのでである。そのイギリスのデータがなぜ日本に適用可能なのかの説明は、発見できなかったが。

さらに尾身会長は、コロナの感染拡大を防止する対策として、忘年会や新年会の自粛、食事の際にもマスク着用、五人以上の会食を控える、帰省の自粛など、国民への自粛要請を次々に列挙していく。

記者会見に同席していた西村経済再生担当大臣も「忘年会や新年会を含めた飲食の対応や、帰省の慎重な検討について、私からも国民に改めて協力をお願いしたい」と、尾身会長の発言内容に政府としても合わせていく考えを示した。[18]

戦後日本政治における政策の決定過程は、与党自民党内での議論の積み上げと、国会で野党と調整する手法が主流である。そのような政策形成のあり方については批判もあるが、決定に立法府の意見が反映されているというメリットもあった。

今回のコロナ対策では、従来の手法は影を潜めている。政府の一部の政治家と官僚、そして分科会など専門家だけで意思決定がなされ、議会によるチェック機能は存在していないかの如しである。

専門家がデータを持ち出して「科学的根拠があるから国民の権利を制約したい」と提言したとき、「そのデータは本当に信用できるのか」と質問するのが国会議員の役割である。行政官たる大臣を代議士が担うのは、行政機構の監督のためである。行政機構の長として送り込まれた大臣に対し、さらにチェック機能を果たすのが議会の役割である。今次コロナ禍では、いずれも機能していたとは言い難く、その結果は国民にはね返って来ることとなった。

教育を受ける権利とコロナ対策

便宜上、コロナ対策のすべてに科学的根拠があると仮定して、話を進める。仮に科学的根拠があるとしても、政府の施策は国民生活に多大な負担を強いた。度重なる自粛生活によって、多くの国民は一年間以上にわたって人としての喜びを得ることのない暮らしを強要された。影響の多くは、今後の数十年にわたり社会・経済を担う若者たちに及んでいる。

たとえば、令和二（二〇二〇）年に学生生活が始まった大学一年生の多くは、オンライン授業を強要されキャンパスに通うことなく友達も作れない一年を過ごすことになった。オンライン授業に関してはオンラインで十分学べると感じている学生もいるが、ゼミ活動や研究室などリアルな学びの場を経験することが出来ず、喜びを得られない学生もいる。▼19

コロナ禍によって、就職活動にも大きな影響が出ている。説明会や選考が延期または中止になるなど、学生も企業も双方に混乱が生じた。「オンライン面接のみで選考」などの影響も出ている。大学と同様、利点が感じられる部分もありながら、採用者に直接会ったことがないという事実に大きな違和感を覚える人もいる。[20]

コロナ禍による日本経済の落ち込みは、就職内定率に表れている。近年は大学新卒の内定率が前年比で少しずつ上昇していたが、令和三（二〇二一）年二月までの調査では九〇％に届かない落ち込みとなっていた。四月時点の調査で九六％に落ち着いたが、前年比二ポイント減という結果である。[21]

政府による自粛要請は大学生だけではなく、その下の世代である小中高校生にも大きな影響を与えている。令和二（二〇二〇）年二月二十五日、文科省が全国の都道府県教育委員会などに出した通知では、地域内の学校に感染者が出た場合、周辺地域の学校は感染者の有無にかかわらず臨時休校を積極的に検討するように求めた。[22]

当初、文科省は通知が強制ではないとして、政府が基準を示したうえで自治体や学校法人に臨時休校の是非を判断させるという対策を考えていた。

しかし、文科省が通知を出した二日後の二月二十七日、安倍首相は新型コロナウイルス感染症対策本部で、全国の小中高校、特別支援学校に臨時休校を要請する考えを表明する。

安倍首相は要請を出す理由として「子どもたちの健康、安全を第一に考え、多くの子どもたちや教員が日常的に長時間集まることによる感染リスクにあらかじめ備える」と述べ、三月二日から春休みまでを臨時休校の対象とした。[23]

この決定を受け、急遽、学校や企業は対応を迫られることになる。学年末に授業時間が大幅に削られ、学校側は自宅学習用の課題を準備する時間もない。文科省は、学年の修了や卒業認定に柔軟な対応を働きかけたが、影響は学校だけに留まらない。子供が休みになれば、保護者も子供を放って仕事に行くわけにはいかないのである。[24]

臨時休校に合わせ、保護者も休業して対応する場面も見られた。これは看護師をはじめとする医療関係者も同様である。政府が数日で政策の方針を変更するため、その都度、国民は対応に苦慮することとなった。

三月二日、全国一斉に小中高校の臨時休校が始まるが、同日の参議院予算委員会に出席した安倍総理大臣は以下のように答弁した。

学校への臨時休業の要請については（中略）直接専門家の意見を伺ったものではありませんが、現在の国内における感染拡大の状況についての専門家の知見によれば、これから一、二週間が急速な拡大に進むか終息できるかの瀬戸際となるとの見解が既に示されており、大人のみならず子供たちへの感染事例も各地で発生し、判断に時間を掛けるいとまがない中において、私の責任において判断をさせていただいた（後略）

…

（第201回国会　参議院予算委員会　第4号　令和2年3月2日）

卒業式の中止、医療関係者を含む共働きや、ひとり親世帯に突発的な負担や混乱を生じさせた決断を「専門家の意見を聞かずに」なされたものだと安倍首相は答弁した。また、同日の質疑では、安倍首相がこの決定による影響を政府として検討したと述べているが、政権内で十分な意思疎通があったと言えないのは明白だ。教育行政を所掌する萩生田文科大臣が休校要請の決定について初めて知ったのは、安倍首相が二月二十七日に発表する当日であったことが判明した。萩生田大臣は、答弁の中で「一定期間地方自治体との調整があった方が多分こういった方針を示したときに混乱を最小限に抑えることができる」と思っていたことを吐露している。[25]

一斉休校は、当初は三月二日から春休みまでの期間とされていた。だが、四月七日に七都府県に「緊急事態宣言」が発令され、十六日には全国に緊急事態宣言が拡大されることになる。そのため学校の臨時休校の期間は五月末まで継続する動きが広まっていった。

多くの学校では授業時間を確保するため、学校行事の中止や夏休みの短縮を迫られた。オンライン授業の導入などの工夫も重ねられた。通学の時間がなくなり勉強に当てる時間が増えたと言う生徒もいる一方で、教員が見ていないと学習意欲が落ちて勉強が進まない生徒もいるなど、新たな問題も発生した。学力水準への影響は中長期で表れるため現時点での評価は避けるが、全国一斉の臨時休校による教員、生徒、保護者の負担は、すぐには目に見えない部分でも大きかったと言える。

全国一斉の臨時休校は、五月末に終了する。その数日前、五月二十日に日本小児科学会は、休校による感染拡大の抑制効果は乏しいとの主張をウェブサイトにて発表した。子供が感染源となった集団感染はほとんど見られず、学校などの閉鎖によるコロナ感染流行の阻止効果は乏しい一方で、閉鎖は子供たちの心身を脅かしているとの内容である。日本小児科学会は、屋外活動や教育機会を失った子供たちの抑うつ状態や、保護者と子供双方に家庭内でストレスが高まることによるリスクなどを挙げ、「こと子どもに関する限り、COVID－19が直接もたらす影響よりもCOVID－19関連健康被害の方が遥かに大きくなることが予想される」としていた。[26]

この提言を裏付けるかのように、令和二（二〇二〇）年六月の一斉休校明けには、子供の自殺が急増する。この年、年間を通じた小中高生の自殺者数は四九九人となった。文部科学省の資料によれば、将来の進路に対する不安や学業不振などが自殺理由の上位を占める。[27]

日本国憲法は、第二十六条で教育を受ける権利、子女に教育を受けさせる義務を定めている。政府のコロナ対策は、憲法二十六条「教育を受ける権利」の侵害である。

日本国憲法第二十六条
第一項　すべて国民は、法律の定めるところにより、その能力に応じて、ひとしく教育を受ける権利を有する。
第二項　すべて国民は、法律の定めるところにより、その保護する子女に普通教育を受けさせる義務を負ふ。義務教育は、これを無償とする。

合理的な目的と適正な手続によっていれば、必ずしも即座に違憲となる訳ではないが、この条文に対しても違憲の疑義はある。一斉休校は、有事を理由に「専門家に諮ることなく」「教育機会を確保する十分な準備期間なく」「事後に予想される問題への準備なく」首相の政治判断によって決定されたからである。

顕著に見られた社会的影響

一年半にわたる政府の新型コロナ対策は、教育をはじめ社会全体の動きを停滞させてきたが、政府の施策により直接的に大きな影響を受けたのが外食産業である。

令和二（二〇二〇）年三月初旬、政府から国民に向けて「三密」という言葉が発信されるようになった。感染クラスターの発生しやすい条件を表したもので、換気の悪い「密閉」空間・大人数が集まる「密集」場所・近くで会話する「密接」場面が重なることを言う。

飲食店をはじめ様々な店舗や商業施設で換気や消毒、パーティションの設置といった対策が行われるが、政府の要請は緊急事態宣言や、まん延防止等重点措置による営業時間短縮、酒類提供禁止と続き、営業に対する制約は強化の一途をたどる。

緊急事態宣言下で政府の要請に協力をしている飲食店には、協力金や補助金が支給されている。一部の業者は、今までの一日の営業利益を上回る金額を補助金で得ることが出来て潤っているとの声もある。だが、大多数の業者は失業や廃業に追い込まれているのが現実の数字に表れている。[28]

本書の対象としては余談となるが、あまりにも重大なので一言だけ述べる。令和二（二〇二〇）年から始まったコロナ禍で、平成二十一（二〇〇九）年のリーマンショック以上の大不況が訪れていないのは、日本銀行の金融緩和政策が継続しているためである。もしも日銀の金融緩和政策が止まれば、即座に日本経済は大不況に突入するのは火を見るより明らかであるが、全体としては一歩踏みとどまっている状況である。

こうした経済状況で何とか生き延びて来た日本の産業の中でも、特に政府のコロナ対策によって集中砲火を浴び続けた飲食業界での落ち込みは深刻である。大手外食チェーン店の閉店が相次ぎ、数千店舗という規模で店が畳まれている。日本フードサービス協会の調査によれば、ほぼすべての種類の飲食店で売上や客数が前年比割れのうえ、業態によっては前年比およそ半分にまで落ち込んだ。[29]

緊急事態宣言で時短営業、酒類提供禁止などの制約を科せられたことは、外食産業に大きな損失を強いた。

数千店舗の飲食店が閉店に追い込まれた原因のひとつは、政府からの要請に従ったとしても十分な補償を得られないことである。緊急事態宣言の場合、飲食店への協力金は中小企業が一日あたり四万円から十万円とされている。大企業に関しては一日最大二〇万円が渡されることになっている。

ところが、行政が提供している対策の問題として、売上高を示す書類提出などの手続きが煩雑であるうえに、審査や支給が極めて遅いことが指摘されている。東京都の場合、令和三（二〇二一）年四月一日〜十一日分の支給決定率は、七月二日時点で七八％である。給付金額が全く足りていないだけではなく、支給開始も遅いというのだから飲食店の経営はより厳しくなる。▼30

政府の雇用助成金などの他に、各都道府県からも独自に補助金や給付金などが支給されている。たとえば東京都からは時短要請や休業に応じた飲食店には一日六万円、月額最大一八六万円の協力金が支給される。それでも、家賃、光熱費、人件費などの固定費だけで一か月に数百万円から数千万円かかる飲食店は、借入や自己資金の切り崩しによってコロナ禍を乗り越えようと腐心するが、現実は厳しい。

そのしわ寄せが直撃したのは、飲食業界の働き手の八割を占める非正規雇用の人々である。影響範囲は飲食業のみならず、宿泊業や小売業などのサービス関連産業に広くおよぶこととなった。
特定業種のみならず、社会全体の活動が停滞したことは、政府の様々な調査結果にも表れた。総務省の労働力調査では、完全失業率は令和二（二〇二〇）年十二月時点で二・八％と前年比で上昇し、令和二年三月からおよそ一年にわたり就業者数が減り続けたことが明らかとなっている。[31]
また、令和三（二〇二一）年一月の厚生労働省の発表では、有効求人倍率も十二か月連続で低い水準が続いた。[32]
コロナ禍の影響は、国民の家庭生活にもおよぶ。内閣府男女共同参画局が発表した令和二（二〇二〇）年度のドメスティックバイオレンス（ＤＶ）相談件数は一九万三〇件で、前年比一・六倍に急増した。[33]
さらに今後も懸念されるのは、自殺者数の増加である。平成十（一九九八）年の前年比三五％もの急激な増加は、主に経済的な要因により発生したと言われる。この十年、経済状況の悪化がゆるやかに食い止められてきたことで自殺者数も年々減少してきたのであるが、令和二（二〇二〇）年はついに増加に転じた。従来、経済的な理由が背景だと考えら

自殺者数の年次推移

○令和2年の自殺者数は21,081人となり、対前年比912人（約4.5%）増。

○男女別にみると、男性は11年連続の減少、女性は2年ぶりの増加となっている。また、男性の自殺者数は、女性の約2.0倍となっている。

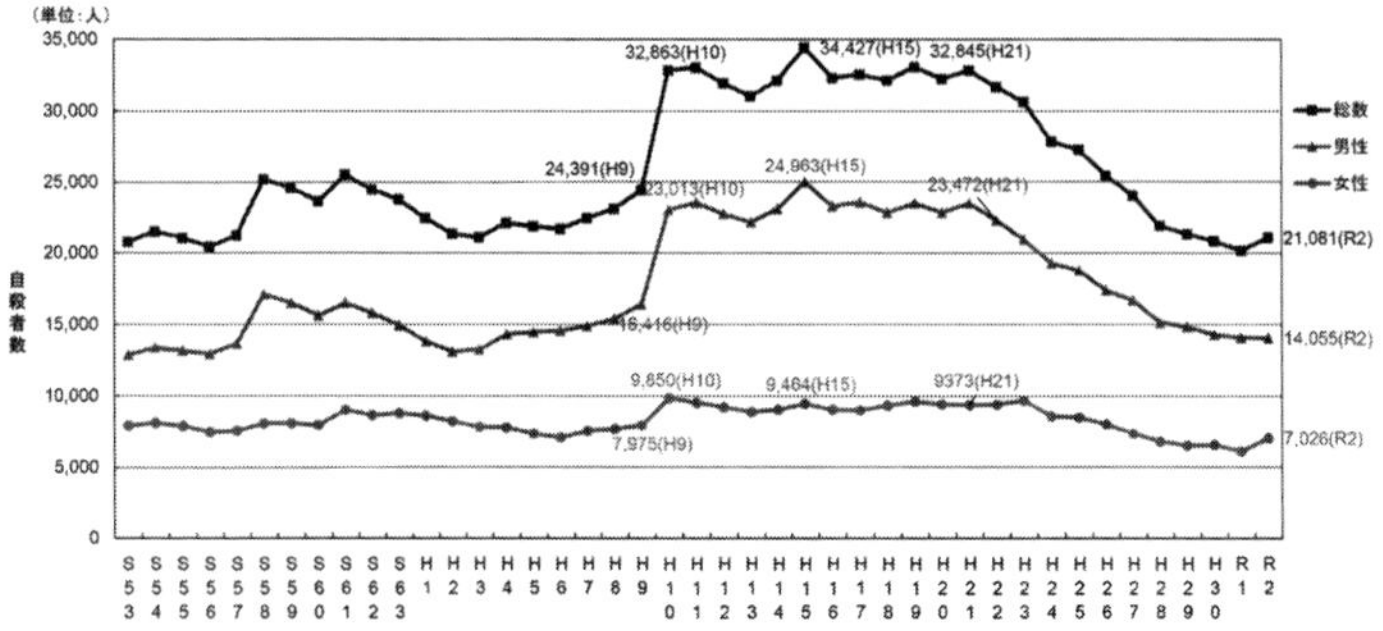

資料　警察庁自殺統計原票データより厚生労働省作成

れてきたのが中高年層の自殺だが、コロナ禍で目立つのは子供や若年層、女性の増加である。

令和二年度の自殺者数は、全体で前年比四・五％増加し二万一〇八一人となった。うち男性は一万四〇五五人で、十一年連続で減少している。それに対し、女性は前年から千人近い増加を見せている。十九歳以下の未成年は前年比で一七・九％増え、七七七人が命を失った。▼34

コロナ禍の自粛は、これほどの犠牲を招いた。それを強いた合理的根拠は何だったのか。いまだに十分な検証が行われているとは言い難い。

国家経済を止める合理性は何か

令和三（二〇二一）年二月一五日、日経平均株価は三万円の大台に回復した。三万円台を付けるのは、平成二（一九九〇）年八月以来、三〇年六カ月ぶりであった。だが、経済指標には日本経済全体の大きな損失が表れている。

日経平均株価が三万円台に回復した同日、内閣府は令和二（二〇二〇）年の国内総生産（ＧＤＰ）を発表した。物価変動の影響を除いた実質ＧＤＰの伸び率は、マイナス四．六％である。リーマンショックの影響があった平成二十一（二〇〇九）年（五．七％減）以来、十一年ぶりの大幅な落ち込みとなった。[35]

新型コロナウイルスの感染拡大に伴い、国内外で移動制限や営業自粛などの経済活動が抑制されたことにより景気が大きく後退したのである。

繰り返すが、令和二（二〇二〇）年四月に発令された一回目の緊急事態宣言は、「ペストやエボラ出血熱のように新型コロナは危険な伝染病かもしれない」という仮説の下で実施された。当初は未知の伝染病であったこともあり、この仮説に基づく政策を国民も受け容れ、政府に協力をしていた。この時点では、経済活動を止める緊急事態宣言も、やむを得ない政策であると言える。

ところがコロナ禍発生から一年が経とうとも、「医療体制が追い付かないから」「感染者を増やさないように」などと様々な理由を並べ立てて国民全員が自粛を強要させられ続けている。

確かに欧米での新型コロナウイルス感染症の被害は甚大であった。ＡＦＰが令和三（二〇二一）年七月四日時点で各国当局の発表に基づいてまとめた数字によれば、欧州では新型コロナウイルス感染症の感染者数は五四七六万人超に上り、死亡者数は一一七万人を超えた。アメリカ・カナダでも感染者数約三五一三万人、死亡者数約六三三万人という状況となっている。全世界の感染者数は、一億八三四一万六三七〇人となり、死亡者数は三九七万四八四一人となった。[36]

新型コロナウイルス感染症が世界中で猛威を振るっているのは確かである。

では、日本の被害はどうであっただろうか。ＮＨＫが全国の自治体による発表数値をまとめており、日本国内の感染者数は約八一万人、死亡者数は約一万五千人（令和三年七月時点）である。[37]

札幌医科大学医学部付属病院フロンティア医学研究所ゲノム医科学部門の集計では、令和三年八月時点での人口百万人あたりでの感染者数も、日本は世界平均の半分に届かない[▼38]。

厳しいロックダウンの対策を取ったにも関わらず多くの感染者・死者が発生した欧米に比べ、日本は圧倒的にコロナ被害が少ないことがわかる。

新型コロナによる被害が欧米と比較して圧倒的に低いという数字が示されているにも関わらず、日本政府のコロナ対応には変化が見られない。日本政府はコロナ禍が一年以上経過しても「ペストやエボラ出血熱のように新型コロナは危険な伝染病かもしれない」という仮説を捨てずに、令和三年七月一二日には四度目の緊急事態宣言を実施することになる。

さて、これが科学的議論に基づいた政策であろうか。

日本政府は「何のために」を何も証明しないまま、コロナ対策を決めている。新型コロナウイルス対策で国家経済を止める合理性は何か。そもそも新型コロナウイルスはペストのように危険な伝染病なのか。この二つの論点を証明した議論があっただろうか。

特に顕著に見られた影響を取り上げて来たが、これだけの影響を引き起こした政府の施策は目的を達することができたのか。有効な治療薬もなしに新型コロナウイルス感染症を撲滅しようという「ゼロコロナ」を政府が目指す限り、民間企業や国民に対する制約は解かれないおそれがある。

もし、いつまでも何の説明もないまま国民に犠牲を強いるならば、違憲の疑義がある。

原理原則である憲法を破ると国民が不幸になる

一年半以上にわたり、コロナ禍で民間活動と国民生活は翻弄されてきた。この状況は、新型コロナウイルス感染症という天災だけではなく、日本政府の稚拙な対応の数々によって引き起こされた面は否めない。

緊急事態宣言の発令により政府から民間活動に対して課されてきた制約は、営業時間の短縮、休業要請、命令と罰則化、金融機関や卸売業者の取引への干渉、広く国民への外出・移動の自粛要請など、数多である。

緊急事態宣言の発令や新型コロナウイルス特別措置法によって規制強化がなされている一方で、十分な補償が得られないという状況が国民を苦しめてきた。

疫病対策として規制をすることも補償を考えることも、本来すべては憲法という政治のルールに基づいて行わなければならない。だが、コロナ禍における政治の現場では、憲法が全くと言っていいほど、話題になっていない。結果的にルールから逸脱した形でコロナ対策が立案、実行に移された。達成すべき目的もはっきりさせず、国民への制約だけが増え、制約に対する補償は行き渡らないという状況に日本全体が陥った。
令和三（二〇二一）年二月三日、新型コロナ対策特措法の改定案が成立したが、多くの憲法に違反する可能性が高い法案であった。この改定特措法改正は、特に日本国憲法第二十二条（営業の自由）と第二十九条（財産権）に触れる可能性が高い。

日本国憲法
第二十二条
第一項　何人も、公共の福祉に反しない限り、居住、移転及び職業選択の自由を有する。
第二項　何人も、外国に移住し、又は国籍を離脱する自由を侵されない。
第二項は本書では扱わないが、掲載しておいた。
第二十九条（財産権）
第一項　財産権は、これを侵してはならない。

第二項　財産権の内容は、公共の福祉に適合するやうに、法律でこれを定める。
第三項　私有財産は、正当な補償の下に、これを公共のために用ひることができる。

経済的損失を政府の都合で国民に与える場合は補償が必要になる。憲法学上、この点に争いはない。補償を与えなければ政府が国民の財産を略奪するのと同じ意味になる。その補償額についての学説は三つに分かれている。

大別して、補償額が市場価格を上回るのか、下回るのか、中間かの三つである。もうひとつ、先例にならないとされる四つ目の説もある。それは、日本が第二次世界大戦で降伏した後、ＧＨＱ（連合国軍最高司令官総司令部）の占領統治下で実施された農地改革のことを指す。

民主化の名の下に農地改革は実施されたが、そのときに地主の財産である土地が二束三文で巻き上げられた。土地を取り上げられた地主らは、正当な対価を受けられなかったとして憲法違反だと裁判に訴えた。最高裁判所は憲法判断を避け、現在の憲法学でも「当時は特殊な事情だったから」というような解説を教科書に載せている。

おおまかに言えば、ＧＨＱによる占領統治下であるため許されてしまった政策であり、近代の日本で公然と行われ救済されることのなかった行政権力による財産権侵害の一例である。詳細は次章で述べる。

コロナ禍においては、特別措置法改正が国民の権利を著しく規制する法整備となる危険があった。国民の権利を規制する法整備を政府が行うときには、立法府は慎重に議論を積み重ねることが重要である。もちろん憲法との関係についても議論される。

たとえば、アメリカであれば国民の権利に関わる法改正は、必ず憲法問題になる。礼拝の自由を禁止する場合には、信仰の自由の侵害であるとして憲法問題となり、基本的にアメリカ合衆国憲法を規範にしながら議論が進められる。緊急事態宣言に関しても、アメリカでは憲法論議がなされている。憲法とは政治のルールであるという理解がアメリカ国民にはある。

日本の場合は、「経済も命も両方大事である」と言いつつ、「ＧｏＴｏキャンペーン」を片方でやり、もう片方で「飲食店は営業時間短縮しろ」という中途半端な政策を繰り返した。

この原因の一つには、国民の権利を制限しなければならない事態が起きたときのための憲法議論がなされていないためだと言える。

経済活動を認めるのか、コロナの感染拡大防止のために経済活動を規制するのか、規制するとしたら何の目的でいつまでなのか。重要なのは、政府の規制を正当化するためではなく、いかに政府に国民の自由を侵害させないかを議論するために憲法が参照されることにある。

目的が一貫しない、いつまで続くか分からない日本政府の対応を見せられ続ければ、国民も納得しない。政府が施策に対する信頼を得ることは到底できない。

国家運営をしていくうえで憲法論議を行わないのは、議論のベースとなる原理原則の話をしないのと同じである。一貫した議論がなく、何が正論かが分からなくなっている状態が今の日本の現状である。

日本国憲法と、その改正をめぐる議論に多くの問題点があるのは事実だが、本書ではそれをいったん脇に置き、現実政治で欠かせない原理原則を述べる。日本国憲法に基づいて現実の政治は動いているはずであるが、一年半にわたり続けられてきたコロナ対策においては、政治を動かしている政治家や官僚にその認識があるのかどうかも疑わしい。

国民の自由について憲法に基づいた議論をせず、蔑ろにしてきた結果とも言える。

救国シンクタンクでは、令和二（二〇二〇）年の設立準備段階より政府の新型コロナウイルス感染症対策に関する問題点を検討してきた。闇雲な規制や統制に傾斜した政策が続けば民間の力を弱め、ひいては国力の衰退につながるからである。今次コロナ禍は、多くの課題が明らかとなった。政策が上手くいかない事例であるからこそ、改めて議論の基礎となる原理原則を提示する。

第一章　根源的な自由と憲法の歴史

一九世紀的人権とは

日本国憲法は、人権尊重を謳った憲法である。

日本国憲法

第十一条

国民はすべての基本的人権の享受を妨げられない。この憲法が国民に保障する基本的人権は、侵すことのできない永久の権利として、現在及び将来の国民に与えられる。

第九十七条

この憲法が日本国民に保障する基本的人権は、人類の多年にわたる自由権獲得の努力の成果であって、これらの権利は、過去幾多の試練に堪へ、現在及び将来の国民に対し、侵すことのできない永久の権利として信託されたものである。

丁寧にも、二度にわたり第十一条と第九十七条で人権の永久性を宣言している。同一内容の重複は不可、の法律の大原則を無視してまで。同一内容の重複はしないという法の大原則が守られていない理由は、人権の重要性を強調しているわけではなく、日本国憲法を作成した際、第九十七条がGHQ民政局長のコートニー・ホイットニーの書いた条文であり、ホイットニーの顔を立てるために残しただけと伝わる。

第九十七条に「人類の多年にわたる自由権獲得の努力の成果」と書かれているが、この場合の「人類」とはヨーロッパ人と、せいぜいがアメリカ人までを含めた、白人のことを指す。ヨーロッパでは一三〇〇年もの長きにわたり、宗教を理由に殺し合いをした歴史があるため「過去幾多の試練に堪へ」たと言える。宗教戦争とは無縁の日本の憲法典にわざわざ書く内容ではないと思われるが、彼らにとっては重要な歴史背景を持つ。

日本の憲法学や人権の教育は、主にヨーロッパの人権の歴史を教えている。以前の憲法学の授業では基本的人権とそれ以外の人権とを分けて教えていたが、最近の憲法学者はそのような教え方はしていない。そのかわりに、「一九世紀的人権」と「二〇世紀的人権」とに分けられている。前掲の「アシベの憲法」においても、一九世紀までの人権と二〇世紀以降の人権の違いについて次のように書かれている。

人権宣言の歴史を振り返るとき、人権の内容の面でも大きな変化がみられる。それは、一九世紀の人権宣言が、自由権を中心とする自由国家的人権宣言であったのに対し、二〇世紀以降の人権宣言は、社会権をも保障する社会国家的人権宣言となったことである。

（芦部信喜『憲法　新版補訂版』一九九九年、岩波書店、七六頁）

まず「一九世紀的人権」を解説する。

学校教育で教えられる人権の歴史は、一六八九年イギリス権利章典、一七七六年アメリカ独立宣言、一七八九年フランス人権宣言という順番で学んでいくが、教科書では教わらない、人権論において大事な年がある。それが一六四八年、ウェストファリア条約が結ばれた年である。

一六四八年　ウェストファリア条約「内心の自由」

ウェストファリア条約の要諦は「宗教的寛容」と言える。「宗教的寛容」とは、「自分と違うことを考えているかもしれない者を殺さなくてもいい」という価値観である。これを「内心の自由」や「信仰の自由」と呼び、「心の中で何を信じても良い」ことを認め合うことから人権の思想が始まった。ただし、この時点では「殺さなくてもいい」であって、「人を殺してはならない」という価値観ではないことに注意が必要である。「人を殺してはならない」が世界の人権思想の多数派になるまでは、さらに数百年待つこととなる。

一六四八年のウェストファリア条約は、最後の宗教戦争と呼ばれる三十年戦争の講和条約である。三十年戦争によって当時のドイツ地方の三分の二が焦土となり、人口の四分の一が死亡するという、ヨーロッパ史上最大の宗教戦争となった。

これほどの悲惨な状況に陥ったのは、宗教戦争が横行していた時代のヨーロッパでは、「自分と違うことを考えているかもしれない者は、殺さなければならない」が常識であったためである。三一三年、ローマ帝国のキリスト教会公認以来どれほどの血が流されたであろうか。一三〇〇年以上をかけて、ヨーロッパ人はこの境地にたどりついた。確かに「人類多年にわたる闘争の結果」である。

ウェストファリア条約によって、心の中で自由な信仰を持っていることを理由に「殺さなければならない」という以外の価値観が生まれた。「内心の自由」が認められた意義は大きい。これ以降、現代まで「心の中で何を考えていても、それだけで罰せられることはない」のが文明人の常識である。ヨーロッパでの人権の歴史は、十七世紀になって「信仰の異なる者同士で殺し合いをしなくてもよいのではないか?」と考えることから始まった。日本史で言えば、江戸時代が始まって半世紀ほど経った頃である。

参考までに、人権の歴史におけるウェストファリア体制の意義については、倉山満『ウェストファリア体制　天才グロティウスに学ぶ「人殺し」と平和の法』(ＰＨＰ研究所、二〇一九年)を推奨しておく。

一六八八年　権利章典「生命の自由」

一六八八年、イギリスで名誉革命が起き、国王と人民の闘争の末、翌一六八九年に権利章典が制定される。このときに「身体的自由」が認められることになる。「法律と裁判無しで、死刑、懲役、罰金などの刑罰を受けることがない」と明記されたのが、この時である。

歴史的な流れとしては、二度の革命を経ている。

一六八五年にイギリス国王に就任したジェームズ二世はブリテン島全体でカトリック優

遇政策を推し進め、各地で軋轢を発生させていた。ジェームズ二世は、王族時代からカトリックを標榜し、スコットランドで宗教弾圧を起こし「大殺戮時代」などと言われた人物である。

イギリスは、これより約四十年前に清教徒革命による統治の大混乱を経験している。清教徒（ピューリタン）は急進的な改革派プロテスタントのことである。オリバー・クロムウェルによる国王の処刑と共和制の宣言、武力での議会解散で樹立したクロムウェルの政権は、内部抗争によって二十年で瓦解した。王政に復することにより、統治秩序が回復されたのである。

王政復古から二十年あまりの間、王と議会の軋轢による政治危機が続く。王政復古によりローマ教皇からの独立を象徴する英国国教会も復活する中、王位に就いたチャールズ二世と、その弟のジェームズ二世は「信仰の自由」を掲げ、カトリック復権と王権の強化を目指した。議会で制定された法律を無視し、常備軍の設置や宗教裁判所の復活などを通じて文武官にカトリック教徒を登用していったのである。その一方、ジェームズ二世の方針に反対し、反乱を起こした者に対しては極刑を科し、請願を行った国教会の聖職者の逮捕に至る。

ジェームズ二世のカトリック復権政策や専横に対して我慢の限界を超えた貴族たちは、ジェームズ二世の長女メアリと、その夫でオランダ総督を務めていたオラニエ公ウィレム三世に救いを求めた。ウィレム三世はジェームズの甥であり、何よりも夫妻ともにカトリック教徒ではなかったからである。

一六八八年、ウィレム三世は五万人の大軍を率いてブリテン島に上陸し、名誉革命が始まる。人心を失っていたジェームズ二世の号令に誰も応じず、軍を統率する将軍すらもウィレム側に付いた。ジェームズ二世はカトリック国のフランスへ一時逃亡する。

議会はメアリの即位を望むが、ウィレム三世は引き連れた陸軍で議会を脅し王位を要求する。結果、一六八九年二月に夫妻は共同統治者となり、ウィレム三世はオランダ総督とイングランドの共同国王となる。イングランド名はウィリアム三世である。

この時に議会が発した「権利宣言」を継承し、一六八九年十二月には「臣民の権利および自由を宣言し、王位継承を定める法律」として正式に制定された。通称「権利章典」である。

全面戦争にならなかった名誉革命は、清教徒革命と比較して犠牲者が少なく、無血革命とも言われている。もっとも、まったく血が流れなかったわけではない。スコットランドでは革命の承認をめぐり、武力抗争が起きた。アイルランドではプロテスタントが独立を求めて蜂起し、それに乗じて国外逃亡していたジェームズ二世が反乱を起こす。ウィレム三世が自ら鎮圧に赴き、武力衝突とカトリックの大量虐殺に至った。軍事力を行使した王朝の交代には違い無く、外国の介入もある。ウィレム三世はもとより、ジェームズ二世はフランスの援助を受けてアイルランドで戦った。

こうした流血の末、権利章典の制定以降は議会が毎年開かれるようになり、如何なる権力者も法によらない支配が許されなくなった。現代まで続くイギリスの国制の大原則、「議会のなかの国王」の確立である。イギリスの統治権は国王に由来するが、国王は議会に含まれる構成要素のひとつである。このため、国王は議会の決定を拒否しないとする原則である。

権利章典は議会政治の原則と民主主義発展の基礎となった重要な議会制定法と言われる。ジェームズ二世の行った議会の同意なき課税、宗教裁判所や常備軍の設置を不法行為とし、武装の権利や議会内における発言の自由、裁判での権利、王位継承の条件などを歴史にもとづいて確認したものである。

一七七六年　アメリカ独立宣言「幸福追求権」

一七七五年から開戦したアメリカ独立戦争の最中、一七七六年七月四日、アメリカ独立宣言が出された。アメリカ独立宣言は、「内心の自由」や「身体的自由」をすべて確認しつつ、「幸福追求権」が書き加えられている。本来、「幸福追求権」は、「財産権」のことを指す。背景には、アメリカ独立宣言が出されるまでの歴史的経緯がある。

一七七三年十二月十六日、ボストン茶会事件が発生する。これは、アメリカ大陸のイギリス植民地において、現地人に防衛費の自己負担をさせようとしたことをきっかけに、おもに税法への反発が元となって起きた事件である。その後、謀反を起こした現地人とイギリスの宿敵であるフランスが接近し、フランスの後ろ盾で一七七五年に現地人が始めたのがアメリカ独立戦争である。

イギリス本国の立場から見れば、アメリカ大陸の十三のイギリス植民地が同盟を結び、イギリス国王に謀反を起こした形である。独立戦争を率いるジョージ・ワシントンは、フランスの援助を受ける売国奴に見えたであろう。

独立十三州はイギリス国王の財産であった植民地を奪う形になるため、財産を奪う正統性を主張する必要があった。そこで作られたのが「アメリカ独立宣言」であり、独立後の一七八七年九月十七日に施行されたアメリカ合衆国憲法にも引き継がれた。アメリカ独立宣言は、前文で「自分たちが分離せざるを得なくなった理由」を「公に明言」するとの書き出しで始まる。その後に続く「幸福追求の権利」を含む要所を抜粋する。

我らは以下の諸事情を自明なものと見なす。すべての人間は平等につくられている。創造主によって、生存、自由そして幸福の追求を含むある侵すべからざる権利を与えられている。これらの権利を確実なものとするために、人は政府という機関をもつ。その正当な権力は被統治者の同意に基づいている。いかなる形態であれ政府がこれらの目的にとって破壊的となるときには、それを改めまたは廃止し、新たな政府を設立し、人民にとってその安全と幸福をもたらすのに最もふさわしいと思える仕方でその政府の基礎を据え、その権力を組織することは、人民の権利である。▼1

日本人が社会の教科書で習う「社会契約説」そのものである。独立宣言を起草したトマス・ジェファソンは、十七世紀のイギリスの哲学者ジョン・ロックの思想を前提に置いた。ロックの思想は、一六八九年に匿名で刊行された『統治二論』（『市民政府二論』とも訳される）に見ることができる。独立宣言は、神が与えた財産（身体とその労働によって得たもの）に対しイギリス国王がいかなる侵害を行ったかを列挙し、独立の正当性を主張したのである。

アメリカ大陸の植民地はイギリス本国から任命された総督と参議会が統治したが、本国の伝統にもとづき、下院にあたる民選の植民地議会が設置されていた。この議会が独立運動の中心となる。植民地の反発に対し、イギリス本国は植民地議会を無視し、植民地住民の代表権を停止すると圧迫し、最後には植民地議会を解散・停止させることで応じた。

アメリカ独立宣言は、国王の送った常備軍が住民を攻撃したことを非難し、立法権、司法権の侵害と並び、「われわれの同意なしにわれわれに課税をする法律」を承認したことを権利の侵害として挙げている。

権力者が徴税によって自分たちの財産を奪うのならば、税を納める者は議会に代表を送る権利があり、徴税は議会で決められた法に則らねばならない。「代表なくして課税なし（No Taxation without Representation）」という言葉は、ヴァージニア植民地議会の演説で用いられ、独立戦争のスローガンとなった。

アメリカ人は、「個人の財産」「納税者の権利」「税金の使い道」には現代でも敏感である。その原点はアメリカ独立宣言の「幸福追求権」、すなわち財産権に由来するのである。

一七八九年　フランス人権宣言「財産権」

アメリカ独立宣言で書かれている「幸福追求の権利」は「財産権」を指すと解説したが、一七八九年に発生したフランス革命において出されたフランス人権宣言の中では「財産権」が明記されるようになった。アメリカ独立宣言では明記されていなかった「財産権」を何故わざわざ書かなければいけないのか。その理由は、間接支配を受けた植民地と異なり、ヨーロッパにおいて特権階級以外の人間は、特権階級の持ち物だったためである。つまり、家畜と同じである。

たとえば、領主が家畜を殺すように領地に住んでいる平民を殺すことも当たり前に行われた。領主が平民の男の妻を取り上げるのも、領主にとって平民は持ち物にすぎないためだ。男も女も逆らえない。どんな人間も財産を持つ権利があるということは、すなわち人間は誰もが、誰の財産でもないということだ。だから、「財産権」は基本的人権なのである。

この当時もいまだ、一六四八年のウェストファリア条約以来の「自分と違うことを考えているかもしれない者を、殺さなくてもいい」という価値観の時代である。

一九世紀までのヨーロッパでは、一部の特権階級だけが人間であり、それが常識であった。

だが、そのような常識も一八世紀ごろから、一部の啓蒙思想家が特権階級に人権意識を広めていくことで変化していく。

啓蒙思想家とは、三権分立の理論を発明したシャルル・ド・モンテスキュー、「私はあなたの意見には反対だ。だがあなたがそれを主張する権利は命をかけて守る」の名言で有名なヴォルテール、『人間不平等起源論』『エミール』『社会契約論』などの著作を残し後世に多大な影響を与えたジャン＝ジャック・ルソーなどが代表である。

フランスのルイ十五世の王宮にはインテリが集まるサロンがあった。そこに参加した啓蒙思想家たちにより、徐々に人権の重要性を認識する勢力が増えていったのである。

革命を経て「財産権」が明文化された後もしばらく時間がかかったが、国民軍が創設されていく過程で平民の人権が認められていった。

フランス革命に対して周辺諸国がしかけてきた干渉戦争では、祖国の危機に義勇兵が集まり、オーストリア・プロイセン連合軍を押し返す。その後、フランスで男子普通選挙（間接選挙）による国民公会が招集されると、義勇軍の勝利に力を得て王政を廃止し、共和制が宣言された。一七九三年には国民公会によって徴兵制が決定される。王のゲームだった戦争が祖国防衛として国民の責務に転じ、戦場の様相を大きく変えた軍事史上の画期である。一八〇六年、ナポレオン・ボナパルトの率いる国民軍がプロイセン傭兵軍を惨敗させたイエナの戦いを契機に、フランスの周辺国にも国民軍創設の機運が波及した。

国民軍は、国家という共通の基盤を持つ人々に、一定の訓練さえあれば扱える武器を与えて組織される。負ければ国が滅び、帰る場所が無くなるのである。これは、専門職的な兵である傭兵軍よりも、規模の大きな足の速い凶暴な軍隊に仕立てることを可能にした。このため戦場においても、従来の傭兵軍の戦い方が通用しなくなったのである。周辺国での国民国家化と国民軍創設は、ナポレオン戦争と呼ばれる一連の戦いの後に本格化した。

平民たちは国家に対する義務を果たした代償として、多くの権利を認められていくこととなる。言うなれば、ヨーロッパにおいて平民は戦争を戦うことで人権を勝ち取っていったのであるが、道のりは長い。

その経緯の背景には、ナポレオン戦争後のヨーロッパ秩序を決めたウィーン会議に発するウィーン体制がある。ウィーン会議でオーストリアのクレメンス・フォン・メッテルニヒ外相が打ち出した「正統主義」は、フランス革命以後ナポレオン戦争にかけて行われたことを否定する、戦後の国際秩序の原則である。ウィーン体制は、国際的にはイギリス・ロシア・フランス・オーストリア・プロイセンの五大国による秩序が確定し一〇〇年の平和をもたらした一方、各国内においては国民国家化と旧来の王政との相克を含み持った。多民族を統治するオーストリアでは、メッテルニヒは反動主義者と呼ばれながらも、フランス革命で目の当たりにしたような自由を求める人々を弾圧する。かくして一八四八年、ヨーロッパはふたたび革命の波に洗われた。この年は『共産党宣言』が世に出て、より過激な主張も産声を上げた年である。

各国の政府は一方で国民国家化を進めながら、フランス革命に見られた王制打倒の動きに敏感であった。ウィーン体制の時代は、旧来の王制を守ろうとする正統主義と、革命をも辞さない自由主義との衝突の時代である。まだまだ、人権は当たり前の権利ではなかった。

当初、ナショナリズムは危険思想

個人の人権が認められるという面で見ると国民国家化は無条件に良いことだと考えるかもしれないが、話はそれほど単純ではない。国民国家化には大変危険な思想が含まれていた。メッテルニヒの正統主義は、教科書的には反動主義と呼ばれるが、目的はナショナリズムを押さえるためであった。

国家主義とも民族主義とも訳されるナショナリズムは、国民国家化を促進する思想である。この国家主義という思想は、現代では「右翼」が掲げているイメージが強いが、革命期には極左翼思想の隠れ蓑であった。

フランス革命のさなか、ベルサイユ行進と呼ばれた事件が発生した。ベルサイユ宮殿の中に乱入した暴徒たちは、「国王陛下万歳！」と叫び声を上げていた。侵入を阻止しようとしたスイス人の傭兵に対して「フランス国家万歳！」と言いながら兵士の虐殺を始め、王様が出てくると、「王様万歳！パリへ行きましょう」と王様を拉致しながら「フランス国家万歳！」と叫ぶ。そして、拉致された王様は「フランス万歳」の叫び声とともに処刑されるのである。

これは、国家主義を煽られた善良で無知蒙昧な民衆が国王を処刑した、フランス革命の一幕である。ちなみに、王様が処刑され、絶対王制から共和制へと統治体制が変わる際に権力を握ったのが、マクシミリアン・ド・ロベスピエールであった。ソ連の革命家レーニンが尊敬した人物である。

そのロベスピエールに影響を与えた人物が、ジャン＝ジャック・ルソーである。ルソーは啓蒙思想家として特権階級のサロンに参加していたが、あまりにも過激な思想であったため、途中から相手にされなくなっていく。ルソーの思想の何が危険であったのか。

ルソーの「自由」の定義は、日本でよく知られているホッブスやロックとも異なる。ホッブスは他者との関係から自由と権利を説明し、ロックは自由と権利の根源を神の御業に求めた。ルソーの自由主義思想は、各個人の内面に絶対的な基準を置き、他者あるいは他者の集合した塊（国家あるいは社会）との適合を論じている。

ルソーは様々なことを説いている。「他者と関係を持たない状態こそが自然状態である」「人間は本質的に自由である」「人間は理性によって生きるべきである」「理性、すなわち一般意思に従って生きることによって、人間は自由になれる」。

これだけを文字通りに読んでも分からないが、ルソーの本音は、反教会、反伝統、そして反国家である。キリスト教の伝統、フランスの伝統、そして既存の国家を破壊して、

「人間は自由になるべきだ！」と説いたのである。ルソーの説く自由とは放縦（やりたい放題）の意味である。

既存の秩序そのものを破壊するルソーの思想は、フランス革命でのロベスピエールが現出させた。理想を掲げて自然の法則に則った暦すら変え、反対者は血の粛清に見舞われる。最後にはロベスピエール自身も断頭台に送られた。だからこそ、ヨーロッパ各国の国民国家化が進む状況にあって、メッテルニヒは危険思想の自由主義者を抑制するために、旧来の王政を維持する正統主義をウィーン体制の原則としたのである。

ルソーは巧みな詐欺師で、嘘を並べながら、ときどき本当のことを織り交ぜる。そのルソーが述べた数少ない、重要な真実が「自由と野放しは違うのだ」「完全なる自由は他人の自由を侵害する自由を侵害されるがゆえに最も不完全な自由である」などである。現在では、これらが自由の根源的な原理として世界中の文明国で受け入れられている。

これを日本国憲法学の用語では、内在的制約論と呼ぶ。

この内在的制約論を理解せずに、今次コロナ禍の憲法論は不可能であるため、後述する。

「人を殺してはいけない」という常識は一九世紀になってから

フランス革命に反動的になりがちなウィーン体制に対し、急進的な自由主義者の不満がいっせいに爆発する。

一八四八年、「諸国民の春」と呼ばれる、ヨーロッパ同時革命である。

二月にはフランスのパリで革命が勃発し、国王は放逐され、共和主義に移行する。これを最後に、フランスは二度と王政に戻れていない。二月革命である。

三月、オーストリアのウィーンでは反動体制打破を掲げる武装蜂起が発生する。狙いはウィーン体制の象徴ともいうべき、メッテルニヒであった。「頑迷な反動主義者」「自由の弾圧者」と見なされたメッテルニヒは追放され、イギリスのロンドンに亡命することになった。

三月革命はウィーンだけではなく、プロイセンのベルリンでも発生し、軍隊と暴徒が市街戦を行うまでになる。プロイセン政府は宥めるために、欽定憲法を発布する。

イギリスは騒動が比較的少なかったが、それでもチャーチスト運動という労働運動が発生した。このように、ヨーロッパ全土に騒動が広がったのが一八四八年である。

そして、急進的な自由主義が騒乱を巻き起こしていたこの時代にヨーロッパ各国で「戦争以外で人を殺してはいけない」という価値観が定着していった。参考にイギリス、ドイツ、フランスの三か国を取り上げる。

イギリスの場合は、一八三二年以降の度重なる選挙法改正により選挙権を拡大し、有権者が増大している。その理由はナポレオン戦争が国民戦争であり、英国民が協力をしたためであった。戦争はデモクラシー（民主制）を拡大させて憲法政治の発展につながっただけではなく、国民国家化を進める結果となった。基本的人権の思想が定着し、「戦争以外で人を殺してはいけない」という価値観に結びついた。

ドイツ（プロイセン）で「戦争以外で人を殺してはいけない」という価値観が常識になったのは、一八四八年のヨーロッパ同時革命以降であろう。これを最後にドイツ（プロイセン）では内戦は行われていない。第一次世界大戦の敗戦後に、ナチスなどの極右と共産党などの極左が台頭し、暴力沙汰が日常茶飯事であったが、歴史の奇観と評すべきであろう。

ちなみに明治十五（一八八二）年、伊藤博文が憲法調査のためにヨーロッパ各国を訪問していた時期、オーストリア＝ハンガリー帝国の学者ローレンツ・フォン・シュタイン博士に出会う。シュタイン博士の知り合いの女性に伊藤博文が会った際、伊藤が「人を殺したことがある」という話を聞いて、女性が衝撃を受けていたという話がある。その時期には「人を殺してはいけない」という価値観が一般的になっていたと考えられる。

フランスでは、一八七一年三月二十六日から始まったパリコミューンの終了以降であろう。一八七〇年から開始された普仏戦争は、翌年の一八七一年にプロイセンがパリを攻略し、勝利する。

敗北したフランスでは、皇帝ナポレオン三世は捕虜としてプロイセンに捕まり、帝政が崩壊した。残った政治家と官僚たちで暫定政権が組織され、プロイセンのビスマルクと和平交渉が行われる。だが、フランス国内では敗戦責任が誰にあるのか追求がはじまり、共和主義者が武装蜂起を開始する。パリコミューンと名乗る暴徒は、暫定政府が結んだプロイセンとの和平に反対し、徹底抗戦を主張して暫定政府と対立していく。

パリコミューンには武器を持った市民が集まり、暫定政府が鎮圧に動き出すと、フランス人同士の血で血を洗う抗争が始まってしまう。パリを流れるセーヌ川が一週間にわたり血で真っ赤に染まるという地獄絵図となる壮絶な殺し合いであった。

パリコミューンがフランスの歴史上最後の革命であるため、フランスにおいて「戦争以外で人を殺してはいけない」という価値観が定着していったのは一八七一年以降と思われる。その後に成立した第三共和政フランスでは常にクーデターや革命の噂が絶えなかったが、結果的に実行されることは無かった。

イギリス、ドイツ、フランスという誰もが知っている文明国で「戦争以外で人を殺してはいけない」という価値観が定着するのは、いずれも十九世紀である。

基本的人権の思想が生まれても、一般常識となるまでに長い歴史がかかったのである。

二〇世紀的人権の登場

ここまで、「一九世紀的人権」が形成されていく歴史を概観した。列挙すると次のようになる。

一六四八年　ウェストファリア条約　「内心の自由」が認められる
一六八九年　名誉革命　「身体的自由」が認められる
一七七六年　アメリカ独立宣言　「幸福追求権（財産権）」が認められる
一七八九年　フランス人権宣言　「財産権」が明記される

学校教育で基本的人権とその他の人権を分けて教えていたときは、「財産権」までは基本的人権に含まれるとされてきた。

「財産」という言葉のイメージであろうが、とある保守系の評論家が「日本国憲法に財産権を明記しているから拝金主義に走る」と講演をしていたことがある。本来、財産権とは、カネの多寡や富裕であるかどうかには関係がない。

非常に重要なことなので繰り返すが、財産を持つことは人権そのものである。財産権は内心の自由、生命の自由と同じ根源的な自由であり、財産を認めることによってはじめて個人というものが成立する。財産を持つことを許されない存在は奴隷であって、他者に所有される存在であり、すなわち人間として認められていない状態である。

「一九世紀的人権」とは、人ではなかったものを人として認める人権であった。これ以降の「二〇世紀的人権」では、より「人らしさ」を求める人権が登場する。一九一九年に成立したワイマール憲法から始まるとされる「社会権」である。その一部は、日本国憲法の条文にも取り入れられている。

ワイマール憲法第一五一条

経済生活の秩序は、すべての者に人間たるに値する生活の保障する目的を持つ正義の原則に適合しなければならない。この限界内で、個人の経済的自由は確保されなければならない。

日本国憲法第二十五条
一項　すべての国民は、健康で文化的な最低限度の生活を営む権利を有する。
二項　国は、すべての生活部面について、社会福祉、社会保障及び公衆衛生の向上及び増進に努めなければならない。

社会権とは、要点を一言にまとめれば「人間らしく生活する権利」のことを指す。現行の日本国憲法では第二十五条から第二十八条まで、生存権・教育を受ける権利・勤労の権利・労働基本権を社会権としている。自ら生活を営む力が限られている子供を養育すること、働ける条件にありながら仕事のない人々に労働と賃金を与えることなど、現在の社会福祉や社会保障の大元となっている権利である。

「一九世紀的人権」では、国家が思想や身体の自由、財産権に干渉し、簡単に取り上げることは好ましくないと考えられた。その一方、生まれたときから財産を持っている人と持っていない人は、現実に存在する。社会的格差は絶対にあるのだから、平等な「財産権」はあり得ない。

そこで「二〇世紀的人権」では、一定の条件にもとづき国家の干渉を促す考え方が主流となる。その契機となったのが「経済生活の秩序」を謳ったワイマール憲法であった。

ワイマール憲法が成立した当時、日本の知識人からも「世界一民主的な憲法」などと言われた。現在でも、世界で初めて社会権を明記した憲法として高く評価されがちであるが、有り体に言えば、持てる者から取り上げ、持たざる者に与えることを国家権力の使命としたのである。政府は金持ちの財産を取り上げて貧乏人にばらまき、人間らしい生活を営むことができるようにせよ、ということである。先に挙げた「拝金主義」は、財産権そのものを「二〇世紀的人権」として解したものであろう。

十九世紀までの人権と、ワイマール憲法以降の人権の大きな違いをまとめると、次のようになる。

一九世紀的人権＝マイナスをゼロにする（人が人であることを認める：不可侵）

二〇世紀的人権＝ゼロにプラスアルファする（人らしさの追求：条件により制限可）

いかなる権力も人々の生命、自由、財産を何の理由も無く奪ってはならない。かつ政府は「人間たるに値する生活」を経済的に裏付けるべし。ヨーロッパの歴史を経て、人権に対する考え方はこのように変遷した。

では、新たに登場した「社会権」は、条文に書いてあるとおりに守られているであろうか。

憲法の条文が「努力目標」で許されるか

ワイマール憲法は、経済秩序の基本を「人間たるに値する生活」に置いた。憲法の条文は政府に対し、人権の保障としての経済的裏付けを求めているが、どうやって実現するのか。

ワイマール憲法が制定された当時のドイツは、帝政の崩壊と第一次世界大戦の敗戦によりワイマール共和国政府が成立し、国家経済と国民の生活は大きな困難の中にあった。

四年間にわたる第一次世界大戦は、主戦場となったヨーロッパに大きな損害をもたらした。イギリス、フランス、ロシアをはじめとする主要国がすべて参戦し、欧州全体の経済・産業が疲弊する。敗戦国となったドイツは連合国に対し莫大な賠償金の支払いを課せられ、戦中から続いた紙幣増発と戦後の国内外の情勢も相まって、戦後五年間でハイパー・インフレーションが急激に進行したことはよく知られている。

一九二三年に共和国政府首相となったグスタフ・シュトレーゼマンは、対外的には賠償の履行、国内的には通貨崩壊への対応を迫られた。共和国政府には、ワイマール憲法が命ずる「経済生活の秩序」を実現する財政力がなかったのである。

通貨の安定には、ヤルマール・シャハト中央銀行総裁の神業的収拾が功を奏し、賠償問題はアメリカの資本力を借りることで、戦後の危機は一時的な小康状態を得た。ところが一九二九年、アメリカの金融恐慌が世界恐慌となり、ドイツ経済もデフレーションと大不況に見舞われることとなる。以後の経緯は、アドルフ・ヒトラーとナチス政権の登場、ナチスを支援したシャハトを経済大臣に再起用した「奇跡の経済回復」と続く。

一九三三年三月の総選挙で民意によって成立したナチス政権は、内閣に立法権を委譲させる法律をもってワイマール憲法を無効化する。半年も経たないうちにあらゆる政党が解散させられ、新党の設立は法律により禁じられた。共和制は崩壊し、一党独裁を手にしたヒトラーは第三帝国を公称する。憲法が謳った経済生活の秩序の実現と引き換えに、皮肉にも国民は自由を失ったのである。

ワイマール憲法は、文言こそ先進的で民主的な理想を謳ったものであったが、条文に何が書かれていようと共和国政府には実現することができなかった。端的に言えば、国力が破綻の極みにあり、政府に実現する力がなかったのである。

こうした理想と現実の乖離の説明として、ワイマール共和国の憲法学者は「プログラム規定」との解釈を編み出した。直訳すると「綱領規定」であるが、要するに「努力目標」としたのである。

日本国憲法第二十五条も同様である。日本国憲法に条文が盛り込まれたのは、社会党系の憲法学者の発案と言われる。第二項には国に対して「努めなければならない」と強調する文言が置かれている。政府は国民に保障をするときに「金が無いことを言い訳にしてはいけない」との意味である。

しかし、現実の二十五条の解釈と運用は、「努力目標」という程度に留まる。憲法学は、その説明に三つの学説を提示している。古い順にプログラム規定説、抽象的権利説、具体的権利説である。

神戸大学の赤坂正浩名誉教授は、プログラム規定説を次のように解説し、昭和二十年代まで主流であったとする。

純粋なプログラム規定説とは、あからさまに言ってしまえば次のような考え方である。25条は、立法部・行政部に対して、国民の生活を保障する良い政治をしろという国政の指針を示した。しかし、これは政治の心構え、政府の道徳的義務の宣言、法的効果のない「注意規定」だ。だから、仮に餓死者が出るような事態になっても、政府の行為は悪政ではあるが憲法25条違反とは言えない。結局25条は法的に見ればゼロである。

（渋谷秀樹・赤坂正浩［著］『憲法1 人権〔第2版〕』有斐閣アルマ、二〇〇五年）

これに対し、ほかの二説は訴訟を通じたプログラム規定説への批判として、昭和四十年代頃から登場する。憲法二十五条を具体化するには個別の法律が必要であることを共通の基礎として、法律自体あるいは行政による決定の違憲性をいかに認め得るかで解釈が分かれるのが、抽象的権利説と従来の具体的権利説である。さらに近年は、特定の場合に限り個別の法律規定なしに憲法二十五条のみにもとづく金銭給付を得られる「ことばどおりの具体的権利説」も見られるようになったとする。[2]

いずれにしても、ワイマール憲法から引き継いだ「健康で文化的な最低限度の生活」を定義することができたとして、本当に実現するには政府の予算措置が必要であることに変わりはない。これまでに争われた裁判の判例から読み取れる救済の難しさは、単に憲法解釈上の問題に留まらない。

戦後、日本国憲法の運用では、最高裁判所が違憲判決を出せば必ず大きく報道されてきた。判例の数は極めて少ない。違憲訴訟の判決には様々な条件が付けられ、憲法学の学説が政府の立場を裏付けることも行われてきた。政治や行政の都合のみならず、第二次世界大戦の敗戦後に再構築された司法の仕組みと運用に由来する制約も多い。

政府の命令や法律に対し、合憲か違憲かが争われることはある。憲法典の条文に反していなければ「合憲」、反していれば「違憲」であるが、日本にはもうひとつ憲法との整合を図る言葉がある。「立憲」か「非立憲」かである。

条文に何が書かれていようが、あるいは書かれていなかろうが、憲法の精神に反すれば「非立憲」である。したがって、条文との整合において「合憲だが非立憲」と断じられる政策はあり得るのである。

財政民主主義の根源は財産権

現代の日本は、ここまで振り返って来た時代に比べ、国家の規模も大きく、国民の生活もはるかに豊かである。政府の巨大な財政は、その差配自体が強大な権力となっている。なればこそ、憲法で謳われた原則の重要性も高い。

日本国憲法第十三条には、アメリカ独立宣言に記載されている「幸福追求権」が盛り込まれている。

日本国憲法第十三条

すべての国民は、個人として尊重される。生命、自由及び幸福追求権に対する国民の権利については、公共の福祉に反しない限り、立法その他の国政の上で、最大の尊重を必要とする。

第十三条の「生命、自由及び幸福追求権に対する国民の権利……」の部分は、アメリカ独立宣言の「生命、自由、幸福追求の権利……」を拾ってきたものである。ところが、日本の「幸福追求権」は、なぜか文字通りの「幸福を追求する権利」という運用になっている。

第十三条は日本国憲法の中でも「包括的人権」とされ、重要な条文とされる。

日本国憲法の人権に関する条文は、第三章「国民の権利義務」の中の、第十三条から第四十条にかけてである。具体的な権利は、十四条以降に書かれており、たとえば、「法の下の平等」は十四条、「信教の自由」は二十条、「表現の自由」は二十一条……という風になっている。これを「人権カタログ」と呼ぶ。世界の多くの国々でも、憲法典に具体的権利の条文が並べられている。

日本国憲法が成立したのは七〇年以上前であり、古い憲法であるため、条文には書いていないが社会生活を成り立たせるために認める必要が出てきた権利もある。

たとえば、「プライバシー権」である。日本国憲法の条文にプライバシー権が書かれた条文は存在しない。だが、条文に書かれていないからと言って、プライバシー侵害が人権侵害であると認められないことにはならない。

そこで考え出されたのが、「新しい人権」の議論である。第十三条から第四十条までに書かれていない権利は、すべて第十三条の「幸福追求権」に含めてしまおうという議論である。プライバシーを侵害されない権利の他には、みだりに写真を取られない権利（肖像権）、適切な環境で暮らす権利（環境権）……等々。現在の憲法解釈は、現代的な数多くの権利を「幸福追求権」に含んでいるとする。

人権の歴史を振り返ったとき、それらの現代的な多種多様な人権も、すべての前提となっているのは「一九世紀的人権」とされる根源的な人権である。ことに財産権を保障する「代表なくして課税なし」の原則は、十三世紀イギリスのマグナ・カルタや権利章典でも、国王に勝手な税徴収をさせないために議会の租税承認権が盛り込まれている。王政か共和制かに関わらず、政府による徴税は財産権の侵害であり、議会の関与による規律が求められた。

近代の制度においては、徴税だけではなく公債の発行や予算、決算、下院（衆議院）の予算先議権といった原則がある。これは、戦前の帝国憲法、戦後の日本国憲法の両方に盛り込まれている。

大日本帝国憲法

第六十二条
新ニ租税ヲ課シ及税率ヲ変更スルハ法律ヲ以テ之ヲ定ムヘシ
但シ報償ニ属スル行政上ノ手数料及其ノ他ノ収納金ハ前項ノ限ニ在ラス
国債ヲ起シ及予算ニ定メタルモノヲ除ク外国庫ノ負担トナルヘキ契約ヲ為スハ帝国議会ノ協賛ヲ経ヘシ

日本国憲法
第八十三条
国の財政を処理する権限は、国会の議決に基いて、これを行使しなければならない。
第八十四条
あらたに租税を課し、又は現行の租税を変更するには、法律又は法律の定める条件によることを必要とする。
第八十五条
国費を支出し、又は国が債務を負担するには、国会の議決に基くことを必要とする。
第八十六条

内閣は、毎会計年度の予算を作成し、国会に提出して、その審議を受け議決を経なければならない。

第八十七条

予見し難い予算の不足に充てるため、国会の議決に基いて予備費を設け、内閣の責任でこれを支出することができる。

すべて予備費の支出については、内閣は、事後に国会の承諾を得なければならない。

こうした規定は「財政民主主義」と呼ばれる。実際に民主的な運営がなされているかは、これまでにも問題が指摘されてきた。国会における予算・決算審議の形骸化や、予算規模の大規模化、財政構造の複雑化などが要因とされている。これは本書でも重要な検討課題である。今次コロナ禍において、自粛要請などによる経済的損失を伴う政府の措置に、議会がどこまで関与できたのか。形式的な事後承認になっていないかとの問題意識を持つことが、憲法論として重要である。

国会審議について言えば、議院内閣制において、議会の多数を占める与党が政府の施策に反対すれば造反である。造反は、直後に総選挙で信を問うのでなければ、有権者の意思を無視した反逆にすぎない。だから多くの場合、議会は政府の決定に従う。しかし、与党が絶対に政府に造反してはならないとの法は無い。また、日常的に政府の施策に対し質疑質問を行うのが権力分立の趣旨である。

議院内閣制の議会が政府に対して翼賛的に従うべきだと考えているならば、立憲主義に対する大いなる誤解である。政府も議会も、国民の財産を預かり適切に使うのが本来の任務であるとの意識を忘れては、憲法の健全な運用はあり得ないのである。

第二章　大日本帝国憲法と日本国憲法における「有事」と補償

大日本帝国憲法における有事規定

戦後日本には、有事の議論は希薄である。コロナ禍においては、各国政府が「ウイルスとの戦い」を掲げ、都市封鎖や外出禁止などの有事対応を行ってきた。最近になって、日本国内でも同様の対応を可能とする法整備が必要との声が上がり始めている。

では、一体有事とは何なのか。一般的な憲法学においては、三つの事態が想定されている。

すなわち、戦争（による亡国寸前の状態）、クーデターのような内乱状態、大災害の三つの事態である。いずれも憲法秩序（国家体制）そのものが危機に陥った、すなわち政府機能が麻痺した状態のことである。大日本帝国憲法の時代には、それぞれ一回ずつ経験している。

大正十二（一九二三）年九月一日に発生した関東大震災
昭和十一（一九三六）年二月二十六日に起きた二・二六事件
昭和二十（一九四五）年八月十四日の終戦の御聖断（敗戦）

以上の三回である。いずれも、首相が不在か、内閣が統治能力を喪失した状態であった。首相が不在であった関東大震災は内閣が、内閣が統治能力を喪失した状態であった二・二六事件と終戦の御聖断（敗戦）のときは昭和天皇が憲法秩序を回復した。

帝国憲法の時代の天皇は、平時には儀式を行う存在であり、政治的には無答責で（帝国憲法第三条、第四条）、責任は大臣が負う憲法体系であった（第五十五条）。ただし、政府機能が麻痺するような憲法危機において、本来の統治権者として秩序を回復する主体は天皇であった。

大日本帝国憲法

第一章　天皇

第一条　大日本帝国ハ万世一系ノ天皇之ヲ統治ス

第三条　天皇ハ神聖ニシテ侵スヘカラス

第四条　天皇ハ国ノ元首ニシテ統治権ヲ総攬シ此ノ憲法ノ条規ニ依リ之ヲ行フ

第四章　国務大臣及枢密顧問

第五十五条　一　国務各大臣ハ天皇ヲ輔弼シ其ノ責ニ任ス
二　凡テ法律勅令其ノ他国務ニ関ル詔勅ハ国務大臣ノ副署ヲ要ス

憲法は、政府から国民を守るための法である。もちろん有事に政府が対応できるようにしておかねばならないが、有事だからこそ国民に何をしても良いわけではない。帝国憲法では、究極的には天皇が政府から国民を守る仕組みとなっていた。日本国憲法では国民主権を謳っているため、国民は国民自身が守らねばならない。国会はそのための重要な機関である。現在は、このような憲法構造である事を理解しておかねばならない。

第八条「緊急勅令」と第十四条「戒厳令」

コロナ禍における諸外国の対応は、有事規定に基づいて国民の権利を制約している。日本国憲法下の日本において私権を大幅に制限する「ロックダウン」は可能かと問われれば、できない状態であると答えるしかない。なぜなら、帝国憲法に書かれていたような、有事規定を定める条文が日本国憲法には存在しないためである。このため、対応可能な法整備を求める声も出始めている。

大日本帝国憲法の有事規定は、八、九、十四、三十一の各条である。このうち、有事の非常措置を規定しているのが第八条の緊急勅令と、第十四条の戒厳令である。

緊急勅令や戒厳令は、有事において国民の権利を制約する規定であり、帝国憲法では、その制約の主体は天皇であるとされていた。政府は天皇に代わり統治行為を実行する存在だとの理論構成で考えられており、政府そのものが権力の主体ではないとの考え方が徹底していた。天皇は政府から国民を守る存在でもあったのである。

帝国憲法は立憲主義に配慮しており、議会主義と国民の権利尊重にも多大な配慮がなされていた。政府も、もちろん天皇も国民の権利を無制限に制約してよい訳ではなく、制約の要件は憲法典に明記されていた。

第八条（緊急勅令）

天皇ハ公共ノ安全ヲ保持シ又ハ其ノ災厄ヲ避クル為緊急ノ必要ニ由リ帝国議会閉会ノ場合ニ於テ法律ニ代ルヘキ勅令ヲ発ス

此ノ勅令ハ次ノ会期ニ於テ帝国議会ニ提出スヘシ若議会ニ於テ承諾セサルトキハ政府ハ将来ニ向テ其ノ効力ヲ失フコトヲ公布スヘシ

伊藤博文（井上毅）による解説書である『憲法義解』には、第八条の解説で次のように説く。

恭テ按スルニ国家一旦急迫ノ事アルニ臨ミ又ハ国民狂荒癘疫及其ノ他ノ災害アルニ当テ公共ノ安全ヲ保チ其ノ災厄ヲ予防救済スル為ニ力ノ及フ所ヲ極メテ必要ノ處分ヲ施サヽルコト得ス　此ノ時ニ於テ議会偶々開会ノ期ニ在ラサルニ当テハ政府ハ進テ其ノ責ヲ執リ勅令ヲ発シテ法律ニ代ヘ違計無ラシムルハ国家自衛及保護ノ道ニ於テ固ヨリ已ムヲ得サルニ出ル者ナリ　故ニ前第五條ニ於テ立法権ノ行用ハ議会ノ協賛ヲ経ト云ヘルハ其ノ常ヲ示スナリ　本條ニ勅令ヲ以テ法律ニ代フルコトヲ許スハ緊急時機ノ為ニ除外例ヲ示スナリ　是ヲ緊急命令ノ権トス　抑々緊急命令ノ権ハ憲法ノ許ス所ニシテ又憲法ノ尤濫用ヲ戒ムル所ナリ

（伊藤博文『帝国憲法皇室典範義解』増補十五版、丸善、一九三五年）

解説の要点を現代語で要約すれば「政府は災厄からの国家自衛保護のためには、議会閉会中は勅令を以って法律に代える。常に議会の協賛。本条は緊急時機の除外例。緊急命令の濫用は憲法が戒める」となる。議会主義の規定である。

第九条では法律と命令の上下関係を定めており、政府が議会の定めた法律によらずして命令を濫用する事態を戒めていた。

勅令は現在の政令に当たり、議会閉会中は枢密院が審査した。枢密院による審査規定は、日本国憲法第五十四条の参議院の緊急集会に継承されている。

戦後の日本では馴染みのない戒厳令は、次の通りである。

第十四条（戒厳令）
　天皇ハ戒厳ヲ宣告ス
　戒厳ノ要件及効力ハ法律ヲ以テ之ヲ定ム

『憲法義解』は「外敵内変には常法を停止、司法行政処分を軍事処分に委ねる。」と記載している。

そもそも、戒厳令（martial law）とは、軍刑法を刑法に優先させることである。よって、軍法が存在しない現在の日本では、戒厳令はありえない。たとえば、敵前逃亡を死刑にできない。この一事を以て「自衛隊は軍隊ではない」と評する識者もいるが間違いとは言えない。

帝国憲法（第一回議会開会）以前には「明治一五年八月五日太政官布告第三六号　戒厳令」が存在し、その後も法律として扱われた。これは、日清日露戦争で臨戦地境（敵が攻めてきそうな所。実際は軍港など）で施行されている。

有事であっても戒厳令を発しなかった例が、昭和の沖縄戦である。沖縄戦では、住民があまりにも協力的だったので、合囲地境（もう敵が来ている所）なのに施行しなかった。実際には、区域限定の行政戒厳（命令であって法律の施行ではない）のみである。

行政戒厳の例としては、明治三十八（一九〇五）年九月五日の日比谷焼き討ち事件、大正十二（一九二三）年九月一日に発生した関東大震災、昭和十一（一九三六）年二月二十六日に起きた二・二六事件がある。

この時までは、立憲主義に基づく憲法の規定に則り政府は運用に慎重を期したので、国民の信頼も厚かった。具体的には、二・二六事件の時には首都を軍隊が闊歩する状態だったが、国民の誰しもが、軍が自分たちに銃を向けるなどと考えもしなかった。現代の諸外国における「ロックダウン」「戒厳令」の実態から考えると、驚異の事態であろう。

帝国憲法の運用を誤る昭和初期の政治

大日本帝国憲法は有事を想定した憲法であり、その運用は政治に任されていた。だが、昭和初期の憲法運用は明らかな失敗であった。その失敗の原因は憲法典の欠陥ではなく、政治の問題である。

当時の日本には、政友会と民政党による二大政党制が実現していた。しかし、当事者である二大政党の腐敗に、国民は愛想を尽かしていた状態であった。それでも二大政党の勢力は圧倒的であり、国民は選挙において他の選択肢を見いだせないでいた。

経済状況においては、大正八（一九一九）年に終結した第一次世界大戦から慢性的なデフレ状態であり、一時的な回復はあったものの、昭和十一（一九三六）年以降は無限の歳出拡大と増税を繰り返し、国民経済は破綻に追い込まれていった。

国民経済を破綻に追い込む財政政策が具体的にどのようなものであったか。

昭和十一年に作成された昭和十二（一九三七）年度予算は、総額三〇億三八五〇万円、その内、軍事予算は一四億八〇〇万円である。軍事費だけで国家予算の約半分を占めているため民需は相対的に圧迫されていた。

この予算案を作成したのは、馬場鍈一大蔵大臣である。軍事費を前年予算比で三割増しという大盤振る舞いをし、増額した歳出は四億円の増税で賄うことにしたのである。馬場蔵相は、大陸国家のソ連や中国、海洋国家のイギリスとアメリカなど、日本と諸外国との間で果てしない緊張が続くとの自覚を持っていた。つまり、国際情勢の緊張が続く限り軍事予算は必要であり、歳入不足分は増税で賄うつもりであった。結果として、国民を半永久的な増税ループに落とし込んでいくこととなる。

予算案が作成された昭和十一年時点は、準戦時体制の状態であった。満洲事変は昭和八(一九三三)年に終結しており、昭和十二年七月の支那事変はまだ始まっていない。何故この状況で軍事予算が増加し続けたのか。馬場蔵相が予算増額を認めただけではなく、国家政策そのものの要請だった。

昭和十一年六月三日には「帝国国防方針」の改訂が行われた。内容を見てみると、用兵綱領に関しては「先制・攻勢・速戦即決を本領」とするとしながら、「国防の方針」としては「長期戦の覚悟と準備」を謳っている。仮想敵国は、ソ連とアメリカのほか、さらにイギリスと支那も加えられた。このような矛盾する内容が盛り込まれた「帝国国防方針」

であったが、これに基づいて国家政策が決められていったのである。

昭和十二年以降は支那事変が勃発し、陸軍と革新官僚（経済官庁）は非常時を理由に経済の統制を強めた。これに対応するため、大蔵省・日本銀行・財界による「抱合財政」が行われる。

「抱合財政」とは、当時の林銑十郎内閣が、蔵相に日銀出身で日本商工会議所会頭にして日本興業銀行総裁の結城豊太郎を招いて行った経済財政政策である。馬場蔵相が組んだ放漫財政路線を修正するため、政府は日銀と財界と一体となって予算削減のために修正を進めていった。だが、一度決まったスキームを大幅修正することは叶わず、予算総額を二億円削ることに成功しても、肝心の軍事費カットはほとんど含まれていなかった。

さらに財界自らが、民間の力を弱めることを推進する有様だった。たとえば電力国営化などが行われたのも、戦時体制下である。マスコミも非常時を理由に、政府の情報統制に協力する。実態として行われていた民間に対する官僚統制を追認かつ強化したのが、昭和十三（一九三八）年に行われた国家総動員法である。

国家総動員法は昭和初期の戦時統制において、もっとも強力で広範囲な統制法とされている。しかしながら、昭和十三年になって、にわかに統制が行われたのではない。戦前期の諸制度の研究と貴重な成果には、歴史学者の百瀬孝氏による『事典 昭和戦前期の日本制度と実態』（伊藤隆監修、吉川弘文館、平成二年）があり、戦時統制は次のようなメカニズムにより強化されるとする。

まず軍需充足の要請があり、資金の優先割り当て（資金統制）と軍需に必要な重要産業への輸入の保護（輸入統制）により民需用輸入が圧迫されるため、物資動員計画が必要となる。すると消費財の供給が不足し物価が騰貴するため物価統制が必要となり、その事務を行う配給などの仕組みの構築が要請される。民間の消費は細くなり、さらに戦時の生産力維持のため国民徴用などの動員へと進行するのである。[▼1]

戦時統制の嚆矢となったのは、昭和六（一九三一）年八月十一日に施行された重要産業統制法（重要産業ノ統制ニ関スル法律）である。政府が指定した十九業種（後に二十四業種へ拡大）には、カルテルによる市場独占を促進したのである。この産業統制は、当初は時限立法であったが、失効予定の昭和十一年五月、改正・強化された形で五年間の延長となる。改正と延長は、産業界がみずから希望したものであった。[▼2]

昭和十二年から十三年にかけては、製鉄や航空機、造船など重工業を中心に、多くの事業が許可制となる。この過程で中小企業は間引かれ、最終的には半官半民の巨大企業体に産業が独占された。

こうした経緯の末に制定された国家総動員法は、厳密には違憲の法律であるが、政府に協力した御用学者が多数であった。反対する学者の正論は無視され、政府は抵抗を押し切った。その結果、国民生活には多大な影響が及ぶこととなったのである。

政府の命令で国民に制約を課す「国家総動員法」

国家総動員法は、立法府以外の機関である行政機関に法規を制定させる委任立法である。「法規」とは、「一九世紀的人権」である自由と財産にかかわる権利を直接制限したり、義務を課したりする法規範の意味だと説明される。立法は、議会が獲得した原初的な権限であり、形式的には法律を制定することであるが、広義には権利の制限をし得る規範を定立することを指す。[3]

国家総動員法は、議会が持つ本来の権限を内閣に委任し、勅令をもって具体化する仕組みである。第一条には「国防目的ノ達成」が掲げられ、「国ノ全力ヲ最モ有効ニ発揮セシムル様人的及物的資源ヲ統制運用スル」と述べられている。法条文で統制の対象となる分野や範囲を幅広く定め、戦争とそれに準ずる事変の際、実際にどのような統制を行うかは勅令（内閣が制定する命令）に全権を委ねる内容である。[4]

法案の研究は、昭和十二（一九三七）年七月七日に発生する盧溝橋事件よりも前から行われていた。同年五月に成立した第一次近衛内閣は、九月に召集された第七十二回帝国議会から統制法案の提出を始め、金融や輸出入などの統制法が成立する。また、第一次世界大戦後の総力戦研究により戦時の基本法として成立していた軍需工業動員法は、この時に全面適用が決定された。この陸軍発案の法律は、兵器や弾薬のほか船舶、航空機、鉄道、燃料、衣料品、衛生や通信に関わる資材などの生産や修理、輸送、貯蔵のため、戦時に限り民間の土地家屋や倉庫の収用、流通の統制管理、民間人徴用を可能にする法律である。違反者の罰則も定められていた。

同年十月には、戦時総動員の研究を行っていた資源局と内閣の外局である企画庁が統合され、内閣直属の国策企画部門として企画院が設置される。国家総動員法案は、十一月に閣議決定された基本方針を受け、企画院を中心に翌昭和十三（一九三八）年の第七十三回帝国議会への提出を目指して立案された。

法案は軍需工業動員法を大幅に拡大し、適用範囲は雇用や賃金といった労働条件から会社の設立や経営、金融、組合、販売や価格、新聞、集会など、国民生活を含む民間の活動全般におよび、違反者に対する罰則が付された。一月に要綱が発表されると、議会の主要政党から反対や修正論が巻き起こるが、報道と集会に関する条項が削除されるにとどまり、他の部分は無修正で議会を通過する。唯一の成果は総動員補償委員会の設置であるが、戦時補償の問題は敗戦後まで持ち越される形となった。前出の百瀬氏は、帝国議会がこのような法案の成立を許したことを「この法律によって議会が立法権を失って無力化したと断ずるより、議会が無力化していたのでこのような法律が罷り通ったのであるという方が適切であろう」と評している。[5]

昭和十三年五月五日に国家総動員法が施行されると、無数の勅令が発せられた。政府が必要と認めれば、国民に職業能力を申告させることから企業の利益配当や給与などの経理まで、社会のあらゆる活動に対する統制が始まったのである。

国家総動員法自体の改正も行われた。昭和十六（一九四一）年の改正以降、統制は生活必需品などの一般物資や、当初は削除された報道にもおよぶ。「ぜいたくは敵だ」のスローガンでよく知られる軍需物資と関係のない奢侈品に対する禁令から、大戦末期に行われた家庭の鍋釜の供出まで、国民の私有財産は政府の命令により多くの制約を受け、また接収された。細かな生活にまで関わる社会全体への統制が機能した要因として、法律にある罰則のほか、統制業務を事業として行う団体の登場や、地域の自治組織を通じた協力など、社会の同調圧力が反対や異論を圧し潰していったことも無視できない。

統制強化で国民の自由が奪われる

国家総動員法にもとづく数多の勅令、関連する統制法は、帝国憲法に定められた臣民の権利に抵触する。

帝国憲法第二十二条
日本臣民ハ法律ノ範囲内ニ於テ居住及移転ノ自由ヲ有ス

帝国憲法第二十七条
一　日本臣民ハ其ノ所有権ヲ侵サルルコトナシ
二　公益ノ為必要ナル処分ハ法律ノ定ムル所ニ依ル

第二十二条の「居住及移転ノ自由」には、営業の自由も含まれると解釈されていた。製造から流通までのすべてを禁じられた奢侈品はもちろん、会社設立自体の許認可、生産品の販売制限はこの条文に反していると考えられる。

もっと直接的に居住や移転の自由を制約する法制も行われた。たとえば、昭和十六（一九四一）年六月一四日に成立した国民労務手帳法案は、鉱山・製造加工・土木建築・運輸通信などに携わる技術者・労働者に携行を義務付けるもので、労働者の自由な移動は制限された。[6]

国民の所有する物品を戦争遂行に必要な物資として徴発するのは、第二十七条の財産権の侵害である。

国家総動員法の改正にあたっては、罰則強化も求められた。罰せられても利益が上がれば良いという者がいれば、効果が上がらないと考えられたのである。大元には利潤がより儲かるところへ流れることはけしからん、資金は戦争に勝つために使われるべきだという考えがある。事実、企画院が刊行した勅令集の解説では、「自由主義的な経済の旧体制が、新しい戦時経済の決戦体制に切りかえられてゆこうとする時の兎角足りない勝ちな環境に立って、敢然として営利主義の反撃と戦って来た苦労と努力」は、米英の対日経済封鎖に一矢報いるものだとの書きぶりである。[7]

こうした状況を批判した政治家で有名なのは、昭和十五（一九四〇）年二月の帝国議会において、いわゆる「反軍演説」を行った斎藤隆夫であろう。一時間半にもわたる「支那事変処理に関する質問演説」は、政府の支那事変に対する対応、戦時体制を理由に国民の自由を侵害する状況を痛烈に非難する内容であった。演説を聞いていた陸軍の武藤章と鈴木貞一は、「斎藤代議士ならあれくらい言うだろうな。うまいこと言うね」と言い合っていたという。ところが議会のほうが「聖戦を冒瀆するな」と斎藤隆夫の質問を問題視して除名を決定する。この「反軍演説」を機に、百名もの議員が参加した「聖戦貫徹議員連盟」なる団体まで結成された。

戦時を理由に国民の権利を制限するのであれば、「いつまで戦時か」が議会で問われるのは当然である。政府はその見通しを明確にする義務がある。それがないまま統制は強化され続け、政府はヒト・モノ・カネを根こそぎ動員していった。

「いつまで」の見通しの代わりに国民に提示されたのは、戦時体制に即した国民感情を醸成するための政策である。

国家総動員法の制定に先立ち、第一次近衛内閣では「国民精神総動員運動」が行われる。昭和十二（一九三七）年九月十一日の政府主催演説会では「挙国一致、尽忠報国、堅忍持久」というスローガンのもと国民の一致団結が呼びかけられ、内務省の主導で全国展開された。

昭和十五年になると、「新体制運動」が盛り上がる。軍・官僚・学者・政治家の各所で革新派が日本の制度の大改革を叫び、挙国一致を名目に一国一党を目指そうとしたのである。新体制にふさわしい「新しい生活様式」が近衛文麿首相のイメージで盛んに宣伝されたのも、この頃である。

結果として「日本中が一丸となって事変を戦っているのだから、不平不満を一切言わずに、自由を捨て財産を差し出し、政府の命令に従うべきだ」との風潮が国民のあいだで蔓延する。マスコミが煽り、国民に流行し、「逆らう者は非国民」に至った挙句、国土全体が焦土となったのは、つい七十六年前のことである。

敗戦後まで積み残された巨額の戦時補償は、戦後インフレと政府財政、占領統治との兼ね合いで問題となった。戦時補償の内容は、国家総動員法や軍需会社法による統制にともなう企業の損失を補償し、工場疎開の費用や軍需品の対価、戦時保険金、徴用船舶の損失補償などを含む。最終的には、ＧＨＱとの折衝を重ねた末、事実上の棒引きとなった。昭和二十（一九四五）年十月十九日に公布された戦時補償特別措置法により、形式上補償を支払ったうえで、同額の特別税を徴収する処理を行い、戦時補償を打ち切ったのである。補償の請求権を持つ企業や銀行には巨額の損失が積み上がり、経営危機に対する救済策が別途必要となった。

コロナ禍を契機として、緊急事態や私権制限の議論が提起されている今日、昭和初期の政治・政府・軍を含む官僚組織の誤りの歴史から教訓とすべきことは多い。

「有事」を想定していない日本国憲法

帝国憲法は「有事」を想定していたが、運用を誤った。憲法の規定に則り、最終的に国家存亡の事態を収拾したのは昭和天皇である。

戦後の日本国憲法には、「有事」の概念が存在しないと言い切っても良い。ただし唯一の例外が第五十四条「参議院の緊急集会」である。この規定の存在により、「日本に国会議員の存在しない状態」は無い。政府機能が麻痺した時の統治の主体は参議院であると読み取れなくもないが、一般的な議論ではないだろう。緊急事態を論じるには、まず統治の主体が誰であるのかという議論から始めねばならない。

文明国においては、憲法危機における秩序回復の主体を想定しておく。つまり、憲法秩序を否定される状態を前提に憲法体系を構築しているのである。
最も明確な例がタイである。タイ憲法は、クーデターが発生した事態を憲法典に条文化している。統治の主体は国王である。

2007年タイ王国憲法
第六八条（抜粋）[8]
人は本憲法に基づく国王を元首とする民主主義制度統治の転覆、もしくは本憲法が規定する方法に拠らない国の統治権の奪取のために、本憲法に基づく権利及び自由を行使することはできない。

フランスは共和政体の変更を、条文で禁止している。そのような動きが起きるとしたら憲法秩序を否定する革命である。その場合の秩序を回復する主体は大統領である。

フランス第五共和国憲法
第八十九条（憲法改正）

五　共和制体は、これを改正の対象とすることができない。

ドイツも同様の規定を「戦う民主主義」と誇る。統治の主体は首相である。

ドイツ連邦共和国基本法

第二十条（連邦国家、権力分立、社会的連邦国家、抵抗権）

四　この秩序を排除することを企てる何人に対しても、すべてのドイツ人は、他の救済手段が可能でない場合には、抵抗する権利を有する。

イギリスは長年の慣習法の蓄積により、革命によって成立した秩序を憲法体系に組み込んでいる。統治の主体は議会である。この場合の議会とは単なる立法府の意味ではなく、国王と貴族院と庶民院の総体のことである。

アメリカもイギリスとは歴史は異なるが、革命によって成立した秩序を憲法体系に組み込んでいる。統治の主体は納税者であるとの意識が強い。実質的な統治の主体は、選挙により権限を委任された大統領である。

一般に馴染みのある国の例を挙げたが、いずれも危機に対処する統治の主体が明確である。日本国憲法においては、天皇がそのような統治の主体でないのは明確である。では、首相・内閣・議会であるのか、という議論すら現代の日本には存在せず、不明確なままである。

秩序を回復する実力組織とは

有事の際に秩序を回復させるには、実力組織である「軍隊」が必要である。帝国憲法の時代は秩序の回復の主体は天皇であり、実力装置は日本軍であった。実力装置である日本軍を統帥するための条文が帝国憲法には存在した。帝国憲法第十一条の「統帥権」である。「統帥権の独立」という悪名高い印象を持たれていることが多い。昭和の日本軍が憲法の運用を誤り続けたのが諸悪の根源である。軍人が政治に介入し、大東亜戦争がはじまり敗戦へ至ったのだから無理もないが、本来の「統帥権の独立」の意味はほとんど知られていない。

第十一条（統帥権）

天皇ハ陸海軍ヲ統帥ス

「統帥権」とは軍を動かす総称を指す。条文には「統帥権の独立」という文字は書かれていないが、政府の命令が無い状態で軍を動かすことを意味する。ただし、「統帥権の独立」を理由に動かすための条件は限られた。軍事機密に関わる事と有事の時のみ許された。

本来の「統帥権の独立」が機能した一例を挙げる。

明治二十四（一八九一）年十月二十八日に発生した濃尾大地震において、当時の桂太郎第三師団長は知事の要請の前に軍隊を動かし、迅速に復旧復興を成し遂げた。だが、知事の要請の前に軍隊を動かすのは、統帥権干犯と看做されて本来は違法とされる。

条文を文字通り解釈すれば、天皇が統帥する軍隊を政府の許可なく軍人の判断のみで動かしてはならない、となるからである。そのため、桂は辞表を出すことになるのだが、このときは明治天皇の嘉納により辞表は却下されることになる。明治天皇は、桂太郎の行動は統帥権干犯ではなく「統帥権の独立」に基づいた有事対応であると評価したのである。

日本国憲法に統帥権に関する条文は存在しない。だが、戦前の日本軍と同様に自衛隊も「有事」の際に政治家の要請・命令がなければ独自に活動することはできない。

平成七（一九九五）年一月十七日に発生した阪神淡路大震災では、知事の要請が無く自衛隊が動けなかったのは有名な話であり、後の平成二十三（二〇一一）年三月十一日に起きた東日本大震災で東北三県の知事が即座に要請を出す教訓となった。

軍人にとって、目的は国家を守ることであり、命令順守はその手段である。命令を守って国家を守れず、その結果として国民に被害を与えたのでは本末転倒となる。ただし、言うまでもなく、軍隊に現場の裁量を与えるのは諸刃の剣である。故に多くの文明国は政軍関係（シビリアンコントロール）に神経を使う。

軍人は直接的に国民を守る存在ではない。国家（領土・国民・政府）を守る存在である。警察は国民を直接守る存在だが、軍人は間接的に国民を守る。

軍人は国家で最も実力（武力）を備えている組織である。その軍人が国民を守ると言う場合、それは実力（武力）による支配を意味する。だからこそ、軍人に現場での裁量を与え過ぎることは危険なのである。

政軍関係が一つの学問分野として成立している国では、不測の事態においての現場の軍人に極端な判断を求めることはなくなっている。この点においても、日本は軍隊を持つのか持たないのかという議論すらままならないため、政軍関係という運用上の高度な議論は深まっていない。

政府が国民の自由を制約するならば「補償」が必要

憲法秩序の回復主体が明確化されていない日本において、危機への対処は「政府が存続していること」あるいは「政府に当事者能力が保たれていること」が前提となる。あくまでも有事ではなく危機対処である。

危機対処は現在の政府にも可能である。近過去であれば、平成二十三（二〇一一）年三月十一日に起きた東日本大震災の例がある。東日本の広範囲に被害をもたらした大規模災害であったことに加え、太平洋岸に位置する原子力発電所が津波被害を受けた。原発の立地地域では、原子力災害対策法にもとづき住民の屋内退避、その後の強制退去が行われている。

また、立法にもとづく行政機関への委任は、現行の日本国憲法のもとでも行われている。帝国憲法のもとで行われたような白紙委任ではなく、法律で具体化されていることを条件に委任立法は認められているとするのが一般的である（日本国憲法第七十三条第六項但書）[▼9]。

こうした政府の対応は、いずれにせよ合理的理由なくして財産権を制約してはならないとする日本国憲法の規律のもとにある。それは一貫した政府見解からも確認出来る。具体的事例として、二例を挙げる。

ひとつは昭和四十八（一九七三）年の吉國一郎内閣法制局長官の答弁である。[10]

もともと憲法二十九条の二項で、「財産権の内容は、公共の福祉に適合するやうに、法律でこれを定める。」と書いてございます。土地の所有権なりあるいは利用権も財産権の尤たるものでございます。そこで、土地の規制をいたします場合は、その前提として、土地の適正な、かつ合理的な利用の確保という目的を前提にしなければならない。そういう目的を実現するために初めて規制が公共の福祉に適合するのだというのが、憲法の第二十九条第二項の解釈として正当の、おるべき姿だろうと思います。

（第七二回国会　衆議院予算委員会　第五号　昭和四八年一二月一〇日）

もうひとつは、吉國長官答弁から六年後の昭和五十四（一九七九）年に行われた真田秀夫内閣法制局長官の答弁である。[11]

財産権についてのお尋ねがございましたが、これは憲法二十九条の関係に相なりまするが、もちろん合理的な理由がなくて財産を召し上げるということは憲法は許すわけはございません。ただ健康保険組合の場合は健康保険法の四十条だったですか、健康保険組合が解散すればその権利義務は一切政府が承継するという規定がございます。そういう規定もございますので、合理的な理由があって、たとえば違法だとかそういうのがあって解散した場合には、国の方に財産が移るということはあり得ます。そういう合理的な理由がなしに国に財産を取り上げるということは許されるわけではないと思います。

（第八七回国会　衆議院予算委員会　第二一号　昭和五四年三月七日）

制約には補償を条件とするという考えは、文明国共通の思想である。コロナ禍においても、米国、中国、英国など世界各国は外出制限や休業要請などの制約を国民に課しているが、その代わりに給与保障や税控除などの補償対策も同時に実行されている。

ＪＥＴＲＯ（日本貿易振興機構）の報告によれば、アメリカでは、雇用者に対しては従業員に対する給与ほか、細々とした労務関係支出に対する税控除、個人向けの支援策として低所得者への対策や失業保険の拡充が行われている。[12]

中国は中小企業に対する家賃減免、企業への失業保険料の還付やリモートワーク設備調達に対する補助金支給を決定し、特にＩＴなど重要産業の拠点がある広東省は市単位で中小企業への減税や多項目にわたる支援策を準備している。[13]

イギリス政府も二週間足らずの間に三回にわたる巨額支援策を相次いで発表し、企業規模や営利・非営利を問わない全事業者を対象とした支援を行った。[14]三か国のいずれも二〇二〇年二月から三月にかけての早い段階で、具体的な政策として発表している。

「正当な補償」とは?

一方、行政権力による強制力のない「要請」が繰り返された日本においては、補償に関する議論はなおざりにされている。日本国憲法第二十九条三項にも「正当な補償」と明記はされているが、その補償額はどの程度であるのか。実は、市場価格と比較してどの程度の補償を行うべきかに関して、通説はない。

たとえば具体例として、一億円の売り上げがある店に休業を命令した場合を考えてみる。その補償額が①五百万円、②七千万円、③一億百万円、④一億三千万円で、すべて意味が違う。どのように違いがあるのか、四つの説を検討する。

①農地改革レベルの補償

昭和二十二（一九四七）年五月三日、日本国憲法施行とともに最高裁判所も発足する。連合国による占領は、昭和二十七（一九五二）年まで続いたが、この期間は、GHQ（連合国軍最高司令官総司令部）の占領政策と日本国憲法との関係を問う訴訟が多数提起される。たとえば、農地改革において先祖伝来の土地を二束三文で奪われた地主の訴えに対する最高裁判決がその一例である。

GHQの占領は、統治業務を日本政府に行わせる間接統治となっていた。占領政策を進めるため、連合国最高司令官の命令により、日本の国会が占領政策に必要な法律を作成した。根拠となっているのは、昭和二十（一九四五）年九月二十日に出された緊急勅令「ポツダム宣言ノ受諾ニ伴ヒ発スル命令ニ関スル件」である。このため、占領期間中に日本が出した政令や省令などは、ポツダム政令と呼ばれる。

農地改革の内容は「大金持ちの地主から土地を取り上げて、小作に配る」である。連合国側には、ソ連が主張する無益没収と、イギリスが提案した有償買収の二案があり、イギリス案が採用された。

ＧＨＱが日本政府に作らせた自作農創設特別措置法が根拠法となるが、時価一〇億円の土地を一〇〇万円で買いたたくような話で、日本国憲法に照らせば、第二十九条の財産権の侵害となる。しかし、当時の最高裁は農地買収に対する不服申立を棄却した（最高裁判例　昭和二十八年十二月二十三日　いわゆる農地改革訴訟[15]）。

棄却の理由を「農地買収の根拠法になった自作農創設特別措置法で定められた買収額は、日本国憲法第二十九条三項に照らしても正当」と述べているが、最高裁の判決の意味するところは「日本国憲法の条文に何が書いてあろうと、連合国の決めたことには逆らえない」である。

農地改革訴訟における判示は占領期特有の特殊な政策を前提としており、学説の多数も特殊事例とし一般化できないとしている。つまり、判例も学説も、農地改革で国民の財産を取り上げながら二束三文の、およそ補償とは呼べない金額で済ませたのは、占領期の異常事態だとしている。そして、占領期の特殊事例であり先例としてはならないとされている。

②相当補償説（折衷説）

補償額は市場価格を多少下回っても構わない説を相当補償説（あるいは折衷説）と呼ぶ。最高裁の判例も、この説に立っている。

土地収用法第七十一条と憲法第二十九条三項の関係についての判例において（最高裁判例　平成一四年六月一一日）、その当時の経済状態において成立することを考えられる価格に基づき、合理的に算出された「相当な額」であれば違憲には当たらないとする。[16]

「財源が限られる以上は憲法典の条文にこだわっても意味が無い」という考え方であり、実務上の通説とされている。補償額が少なくなるので、実務家から支持されるのは当然であろう。

③完全補償説

市場価格に合わせて補償を行うべしとする説を、「完全補償説」と呼ぶ。国民の権利を公共の福祉の建前とは言え政府の都合で制約するのだから、市場価格と同様の額を補償すべきとする説である。

真に日本国憲法を守る護憲の立場からは、この考え方となるのが正当である。代表的な論者に高橋和之東京大学名誉教授や佐藤幸治京都大学名誉教授が挙げられる。二人はそれぞれ、東大学派と京大学派の重鎮である。

④本来の相当補償説

補償額は市場価格を大きく上回っても構わないとする説を、ここでは「本来の相当補償説」と呼ぶ。

公共の福祉の建前とは言え、国民の権利を政府の都合で制約し財産を奪うのだから、市場価格以上の額を補償すべきであるとの考え方もある。理論的には完全補償説の延長である。

東京大学の原田尚彦名誉教授は、「権利保障だけでは十分ではない。（…中略…）収容される権利保障のほかに、移転料、調査費、営業上の損失など収用によって権利者が通常受けるであろう付随的損失についても補償されなければならない」とする。[17]

以上、②③④の説をめぐり、学説が争われていることで判例もいずれかの説を追認する傾向にある。

公用収用と公用制限

ここまでで「正当な補償」について四つの説を紹介したが、令和二（二〇二〇）年から始まったコロナ禍においては、日本政府の見解は「補償は不要」である。そもそも「補償」の概念すら認めていない。

令和三（二〇二一）年二月三日、政府は通常国会で新型コロナ対策特措法改正を感染症法・検疫法とともに提出し、改正案が成立した。改正案には当初、時短や休業の命令に応じない事業者に対し行政罰、入院拒否に刑事罰を科すとの内容も含まれていたが、これは閣議決定の後、正式な法案提出の前に与野党協議が行われ、削除された。

罰則規定の削除に関しては、救国シンクタンクの訴えと同等の主張を行う政党があり、法案提出前に削除されたことは成果と捉える。紹介は後の章に譲るが、政権政党や野党第一党という現在の国会で多数議席を占める政党に対し、こうした主張を持つ政党が存在することに注目されたい。

改正特措法は刑事罰が削除され成立したとはいえ、多くの点で違憲の疑義が残る法律である。改正特措法の主眼である「補償と罰則付きの休業命令」は、「正当な補償」を伴わない限り憲法違反の疑義がある。

憲法論では「自粛をさせるから十分な補償を行う」か「自粛をさせないから補償がいらない」しかありえない。だが、特措法改正案では「自粛をさせるが十分な補償は行わない」という内容で法案を可決した。

補償なきコロナ対策は、感染拡大抑制の観点から見ても逆効果である。日々の生活に支障が出るほどの営業制限や行動制限に対し、自身の感染リスクを負ってでも生業を継続することを考えるのは自然なことである。

政府が国民の財産に制約をかけ、補償を行う際に用いられる考え方に「公用収用」と「公用制限」がある。

公用収用とは、公共の福祉のために国民の財産を強制的に取り上げることを指す。代表的なものが土地収用であり、財産的価値の総額に増減のない完全な補償が要求される。

公用制限とは、公共の福祉のため特定の財産権に対し、その権利行使に制限をかけることを指す。分かりやすい事例は保安林の伐採制限や、重要文化財の保存を目的とした所有者による現状変更の制限などである。損失に対する補償の要不要は個別事例によるとされる。

日本政府の新型コロナウイルス感染症対策においては、公用収用と公用制限の混同がなされている印象が持たれているが、たとえば店舗の営業制約は公用制限にあたる行為である。

ちなみに国際法は、政府が外国人の財産を収用・国有化するときは適当な「補償」を支払うことを条件としている。これは文明国共通の思想である。

また、国際法でも公用制限に類似する「間接収用」という概念が存在する。直接的に政府に財産権の剝奪をされていなくても、規制が導入されたことで間接的に個人の財産の価値を毀損した場合、かかる措置は「間接収用」として、国際法上、国家が補償を行う義務を負う。

間接収用の文脈でも、特に、無差別的な警察規制については間接収用に該当せず、補償は不要との見解（police power doctrine）が有力であるが、他方で、目的が正当なものであれば、個人の財産権をいくら毀損してもよいというわけではない。目的と手段の間に合理的な関連性が必要であるし、目的と手段の間には、ある程度の均衡性が保たれなければいけない。▼18

財産権の制約に対する補償がされないのは、あくまでも一定の条件にもとづく例外としているのが国際的な共通認識である。現在の日本はどうであろうか。

第三章　コロナ禍と緊急事態条項

内在的制約にもとづく人権制約

令和三（二〇二一）年二月三日、参議院本会議で新型コロナウイルス対策特別措置法などの改正案採決が行われ、自民党・公明党の与党二党と立憲民主党・日本維新の会などの野党の賛成多数で可決され、成立した。

法案審議において菅首相が答弁した政府見解は、「内在的制約説に基づくので補償は不要」との内容である。▼1

内閣総理大臣（菅義偉君）

特措法で感染症の拡大防止を目的として休業等を要請した場合でも、事業活動に内在する制約であることから、憲法二十九条三項の損失補償の対象とはならないと解釈されております。これは、施設の休業等の要請が、施設の使用自体が感染症の蔓延の原因となることから実施されるものであること、緊急事態宣言中に限って行われるものであり、一時的なものであること、こうしたことによるものと法制定時に整理されております。

（第２０４回国会　衆議院本会議　第5号　令和3年1月29日）

内在的制約説は、現在の通説となっている人権の制約原理である。日本国憲法第三章「国民の権利及び義務」の複数の条文にある「公共の福祉」の一般的な解釈として用いられる。端的に言えば、内在的制約説とは「自由は無制限ではないので、公共の福祉の為には制限されうる」とする説である。

公共の福祉とは「みんなのため」という意味である。立教大学の渋谷秀樹名誉教授は、学説・判例から次のように整理している。

12条・13条の「公共の福祉」は、すべての人権に共通にある限界を「消極的制約」，つまり国民の生命・健康・安全を守り、あるいは社会に対する害悪の発生の防止を目的とするための制約（消極規制，警察規制ともいう）という人権の一般的制約原理として明らかにしたものである。これに対して22条・29条で経済的自由権に関連して言及される「公共の福祉」は、政府が福祉国家的な観点から、社会的・経済的弱者の保護、より快適な生活をめざして課される積極的社会・経済政策的制約（積極規制ともいう）を経済的自由権に加えることができることを明らかにしたものであると解する。

（前掲『憲法1 人権〔第2版〕』二九六頁）

右の整理では消極規制と積極規制が「一九世紀的人権」と「二〇世紀的人権」に対置されることが読み取れる。後者の積極規制の考え方は、「政策的制約」や「外在的制約」と論じられることもある。具体的な政策では、経済的弱者への財政支援が代表的である。

一方、消極規制の分かりやすい例では、食中毒への対応がある。食中毒が発生した飲食店に対し、行政は食品衛生法にもとづき調査と営業停止命令を発する。調査と判断を行うのは保健所であり、統括責任者は厚生労働大臣である。

「食中毒が発生した店に営業をさせない」は公共の福祉（みんなの為）であり、食中毒の拡大阻止は治安維持に関わるので警察目的（消極目的）である。かつ、規制の対象となるのは食中毒が発生した特定店舗に限られ、一定の調査・指導期間の後に営業再開となる。食中毒の発生による営業停止命令は、理由と手段が合理的であることから補償は不要とされる。

また、補償が不要とされる代表的な事例には、火災の際の消火活動における破壊消防がある。消防法第二十九条は次のように定めている。

消防法

第二十九条

消防吏員又は消防団員は、消火若しくは延焼の防止又は人命の救助のために必要があるときは、火災が発生せんとし、又は発生した消防対象物及びこれらのものの在る土地を使用し、処分し又はその使用を制限することができる。

火災の延焼とは直接的に関係のない建物の破壊に対する損害賠償が請求され、最高裁判所が訴えを棄却した判例もある。最高裁は、直接的に延焼の恐れのない特定の建物の破壊を「緊急の必要があつた」とする高等裁判所判決を支持した。[▼2]

食中毒でも破壊消防でも、行政による財産権の侵害は「合理的理由により特定の対象に必要最小限の範囲で」認められる。

警察・消極目的の場合は、補償が不要であると古くから説かれている。代表的なものとして、行政法学の泰斗である田中二郎元最高裁判事の『新版　行政法　上　全訂第二版』（弘文堂、一九七四年）をあげておく。

政府見解では、昭和五十二（一九七七）年の山田英雄警察庁長官官房長による答弁で確認されている。[3]

公共の安全、秩序の保持とかあるいは社会的共同生活の安全の確保という比較的消極的な目的のために最小限の規制をする。その結果生ずる財産権の制限、それは特別の犠牲ではない、受任すべき公共の福祉からする制限ではないかということで、学説上も判例上も損失補償を要しないという解釈が通説であろうと思います。

（昭和五十二年五月十三日衆院地方行政委員会）

なお、破壊消防の場合でも、消防団（市町村に置かれている非常備の消防組織）が行った場合は、時価による損失補償の請求権が明記されている（消防法第二十九条三項）。補償を不要とする財産権の制約は、様々な要件を満たすことが求められるのである。

では、新型コロナウイルス感染症対策の施策や関連法改正で見られた政府の見解は、何が問題であったのか。

日本政府が勘違いしている「補償が不要な場合」

特措法や感染症法の改正案審議において述べられた政府見解の「内在的制約説に基づくので補償は不要」とは、より正確に言えば「内在的制約説に基づく警察目的の最小限の規制なので補償は不要」という意味である。

政府見解の根拠となっているのは、過去の政府答弁や最高裁判例、学説である。

判例としては、奈良県ため池条例事件の事例がある。奈良県で災害防止を目的として、ため池の保全と堤塘での耕作禁止、違反への罰則を定めた条例（昭和二十九年奈良県条例三八号）に対し、旧来からため池の堤で耕作を行っていた人たちの財産権侵害が提起された。最高裁は「災害を防止し公共の福祉を保持する上に社会生活上已むを得ないものであり、…財産権を有する者が当然受忍しなければならない責務と言うべき」として、条例による財産権の制約については補償を不要とした。[4]

また、戦争被害に関して在外財産の喪失と国の補償が争われた事件で、「国民のひとしく受忍しなければならなかったところ」と補償の不要を判示した。[5]

なお、この点に関しては、日本維新の会が「戦争被害にも補償をすべきとするのが世界の大勢」との立場を表明している。[6]

このほか、補償が必要とされる規制範囲については、特定の人に対し特別に財産上の犠牲を強いる場合に、はじめて補償が必要であって、内在的制約の場合は不要とする（最高裁判例　昭和五七年二月五日　いわゆる鉱業法の鉱業権行使の制限）。[7] なお、この場合の「内在的制約」とは、「不特定の人を対象とする」の意味である。

今次コロナ禍における政府の対策が仮説にもとづいて行なわれていることは、序章で整理したとおりである。食中毒の例で言えば、食中毒を出していない店に「食中毒を出すかもしれないから」と営業停止を命ずるようなものである。この場合の補償はどのようになるか、内閣法制局長官・最高裁判事を務めた高辻正巳の見解を挙げる。

不可抗力的に受けた災厄の伝搬の防止のため…というような「公共の福祉」を増進する施策を講じ、事業を実施するについてやむを得ないものであっても、それについて「正当な補償」をしなければならない。

（高辻正巳「財産権についての一考察」自治研究三八巻四号、一九六二年）

また高辻は、別稿で「伝染病の予防」を具体例としてあげ、補償は当然とし、規制が最小限度であることを条件としている。[8] その後、この高辻の解釈が政府の都合でどのような顚末をたどったかは、巻末の鼎談を参照されたい。

緊急事態宣言・まん延防止等重点措置にもとづく事業者に対する規制は、政府の都合で営業を停止させ、関係する広範な事業者に損失を強いる。しかも、発令期間の延長が繰り返された実際の運用に照らせば、無限に近い営業停止をも前提としている。本章冒頭の政府見解を食中毒の例に当てはめるとどうなるか。

「日本中の店が食中毒を出しそうだ。しばらく店を閉めろ。しばらくとはいつまでか。とりあえず一ヵ月とするが、無限大に延長可能だ。そして補償はしない。本来は出さなくていいのだが、協力をした店にいくらか金を出す」である。営業停止命令が「安全を確認できるまで」と「未来永劫」とでは、規制の意味に重大な違いが生じるのである。

これを憲法学の用語に直すと、「内在的制約説に基づく警察目的（消極目的）による積極規制だから補償は不要」となる。要するに「飲食業全員、食中毒を出すかもしれないから、政府の許可が出るまで店を閉めろ。金なら恵んでやる」ということである。答弁した菅首相も、意味がわからなかったであろう。

菅内閣で示された補償に対する政府見解は、「補償が不要である警察目的の消極的規制は最小限度でなければならない」とする従来の政府解釈から逸脱したものである。

従来の政府解釈　消極目的＋最小規制　↓　補償は不要
菅内閣の解釈　消極目的＋最大規制　↓　補償は不要

菅内閣の解釈は、学習院大学の大橋洋一教授の論文にある理論構成そのままである。

大橋教授は、新型コロナウイルス感染症対策は、法システム全体が権力抑制的な要請を中心に構築されていることを前提に、緊急事態宣言期間外に行われる営業制限等の「要請」に対し憲法上の「損失補償を基礎づけることは困難」であるとする。さらに、緊急事態宣言下で行われる営業制限等の「指示」については、事業自体が感染源となり得る危険がある場合、「事業活動に内在する社会的制約として営業制限を受忍すべきである点」に損失補償を不要とした根拠が認められるとの解説である。そのうえで、憲法上の損失補償を支払う義務がない場合でも、政策上の必要性から補償金の支払いが規定された事例に家畜伝染病への対応を挙げ、コロナ休業への協力金も同様であると述べている。[9]

要するに、緊急事態宣言期間外に行われる自粛「要請」は法的な強制力はない。さらに、緊急事態宣言下で行われる営業制限等の「指示（違反した場合には罰則はないものの過料の制裁がある。）」も営業の自由・財産権の内在的制約として甘受すべきものである。従って、法律上の補償の必要はないが、政策において協力金として事実上の補償を行った。よって、その金額は政策を行う行政府と立法府の裁量事項であり、結果において経済苦により被害を被った国民が司法府に訴えても政府が法的責任を負う可能性は少ない、との理論構成がなされている。もちろん、政治的責任は選挙において審判される。

ところが、特措法改正案に対し、内閣法制局は異なる見方を示した。

近藤内閣法制局長官が示した四条件

特措法改正案が提出された第二〇四回通常国会の召集直前、令和三（二〇二一）年一月十三日の『読売新聞』三面には、改正案について「実態は議員立法」との文言が掲載された。政治と行政を少しでも知っている者ならば、新聞の中身を見なくとも、見出しを見ただけで、問題のある法案だと分かる。要するに「デタラメな法案」との暗号である。

政府が国会に提出する法案は厳重な事前審議が行われる。その過程で、与党（自民党）と関係省庁、そして利害関係のある業界団体の間で調整がなされる。そして最難関が、内閣法制局の審査である。法制局は「憲法の番人」を自任し、あらゆる法案に対して目を光らせ「日本国の法令に矛盾が無い」との建前を作り上げている。実際に、実務の世界では「あの法案は国会で重大な変更が行われたので…」と言えば、「国会議員が勝手に変更したので、デタラメな内容になった」との意味である。

つまり、特措法改正案は内閣法制局がまともな審査をしていない法案だと報道されたことになる。そして事実、政府が国会に提出した原案は、行政の命令に従わない場合の刑事罰が羅列され、多くの批判を呼ぶこととなった。政府原案の刑事罰など、そもそも論外である。平たく言えば、「やむにやまれぬ事情で自粛できずに商売を続けた人が犯罪者にされる」のである。問題条項の修正を経て成立した改正特措法で法制化された内容は次のとおりである。修正されてもなお、違憲の疑義が残る。

・自粛の要請を、強制力を伴う命令に。命令権限は知事に委任。
・営業自粛の違反者には行政罰（過料）。他に店名公表。

・命令に従わない病院や入国外国人の実名公表も。
・補償は努力目標。そもそも「補償」という概念を認めていない。
・法律上の対象は全国。運用は知事に。
・緊急事態宣言前の予防的措置が可能。この段階では補償抜きの命令が可能。

これらを憲法で論じると次のようになる。

伝染病予防という公共の福祉（第十二条）の為に、国民の権利は制約されうる。
政府による営業自粛の要請は、財産権（第二十九条）と営業の自由（第二十二条）の制約である。イベントの自粛は集会の自由（第二十一条）、交通制限は移動の自由（第二十二条）を制約する。勤労の権利（第二十七条）も制約する。
なお、令和二（二〇二〇）年の緊急事態宣言において行われた学校休業は教育を受ける権利（第二十六条）の制約である。

この中で、財産権と営業の自由の制約は、公共の福祉が目的であっても取られる措置が必要最小限度を超える場合には補償が必要であることは縷々述べたとおりである。その他の権利の制約も、正当な理由がなければ憲法違反である。国会においては憲法の原則に従って法案が審議されねばならないのは言うまでもない。

たとえば立法において留意すべきは、「中小企業にだけ補償」などは法の下の平等（第十四条）に、実名公表はプライバシー権（第十三条の幸福追求権）に、国民の側の他者に対する行き過ぎた自粛強制（いわゆる自粛警察）は住居不可侵（第三十五条）に、それぞれ違反する可能性がある。

国会審議の成果としては、刑事罰の削除とともに運用上の基準を引き出したことであろう。令和三年二月一日、衆議院内閣委員会で日本維新の会の足立康史衆議院議員が質疑に立ち、改正特措法について「国家賠償請求の対象になり、政府が敗訴する可能性」を質問した。質問に対し、近藤正春内閣法制局長官は次の答弁を行っている。

〇近藤政府特別補佐人

過料を科するということで、特に今回、私の方からお願いをいたしましたのは、これまでの措置の、都道府県知事が行われる前に、特に専門家の方の意見を再度聞くようにということを法律で義務づけていただきまして、より科学的知見で、不用意に広がらないように、本当に疫学的な見地からここはどうしてもやらなきゃいけないというところにある程度絞っていただくというところで、より過料との見合いで、厳重、慎重な発令というものをお願いするように今回の条文ではなっております。

（第２０４回国会　内閣委員会　第2号（令和3年2月1日（月曜日））[10]

近藤長官の答弁は、改正特措法を憲法の認める範囲で運用するために必要な四つの条件を示している。

一　専門家の意見を事前に聴取していること
（政治家が勝手な判断をしてはいけないということである。）

二　科学的知見に基づいていること。

三　規制が必要最小限度であること。

「疫学的な見地からここはどうしてもやらなきゃいけないというところにある程度絞っていただく」の箇所が当てはまる。「必要最小限の規制であること」を指している。

四　厳重かつ慎重な発令であること。

法律用語では「比例原則」に基づいていること。比例原則は、取り得る措置のうち必要最小限度にとどまらなくてはならないとの原則。

重要なのは、法律に則って運用されていても、四条件のどれか一つでも守らなければ違憲または違法との見解が示された点である。つまり、近藤四条件は裁判所が憲法判断をしなくても違法判決を下せる根拠となっている。

グローバルダイニング裁判

今次コロナ禍においては、すでに憲法訴訟が提起されている。いずれも地方公共団体を相手取った訴訟である。

報道などで広く知られている訴訟のひとつは、徳島県の事例である。

令和三（二〇二一）年二月五日、新型コロナウイルス感染者の立ち寄り先として県に店名を公表されたラーメン店は、風評被害に遭ったとして徳島県を相手取り、憲法二十九条と二十二条の違反で訴えた。[▼11] コロナ禍での行政行為に関しては、今後この種の事案が多発する可能性も考えられる。

また、当事者の情報発信を含め、首都圏を中心に大きく報道されたのはグローバルダイニング裁判である。

グローバルダイニング裁判は、飲食チェーン「グローバルダイニング株式会社」が新型コロナ対策特措法に則り、営業時間短縮命令を発出した小池百合子東京都知事を提訴した裁判である。

令和三年三月十八日、小池百合子東京都知事は新型コロナ対策特措法にもとづき、都内で営業時間短縮に従わずに営業する飲食店のうち、二十七店舗に対して営業時間短縮の命令を出した。命令に従わない場合は過料を科す「措置命令書」を発出する。

命令が発出された二十七店舗のうち二十六店舗はグローバルダイニング社が運営する飲食店であり、その事実を知ったグローバルダイニング社の長谷川耕造社長は、令和三年三月二十二日、当該命令及びその根拠となる新型コロナ対策特措法が違憲・違法であるとし

グローバルダイニング社への措置命令書

甲第23号証

2総防管第４０３８号

東京都港区南青山七丁目１番５号
株式会社グローバルダイニング

措 置 命 令 書

新型インフルエンザ等対策特別措置法（平成24年法律第31号。以下「法」という。）第45条第３項に基づき、下記のとおり命ずる。

令和３年３月18日

東京都知事　小池　百合子

記

1　命令の内容

（1）講 ず べ き 措 置：　施設の使用制限
（20時から翌日５時まで（酒類の提供を伴う場合は19時から翌日11時まで）の間において、別紙に記載する施設（以下「対象施設」という。）を営業（宅配及びテークアウトサービスを除く。以下同じ。）のために使用することの停止）

（2）措置を講ずべき期間：　令和３年３月18日から令和３年１月７日付新型コロナウイルス感染症緊急事態宣言に関する公示に係る東京都における新型コロナウイルス感染症緊急事態が終了するまでの間

2　命令を行う理由

株式会社グローバルダイニングが運営する対象施設は、正当な理由なく法第45条第２項の要請に応じず、別紙のとおり20時以降に対象施設を営業のために使用した事実が認められた。

また、行政手続法（平成５年法律第88号）第13条第１項第２号及び第29条の規定に基づき株式会社グローバルダイニングが提出した令和３年３月11日付「弁明書」において、当該要請に応じないことに正当な理由があると主張する。しかし、当該弁明書に記載された内容からは、法第45条第３項に定める「正当な理由」があるとは認められない。

「新型コロナウイルス感染症対策の基本的対処方針」（令和２年３月28日付新型コロナウイルス感染症対策本部決定）では、飲食の場を感染リスクが高く感染拡大の主な起点となっていると指摘した上で、緊急事態措置区域において飲食につながる人の流れを制限するための効果的な対策として、飲食店に対する20時までの営業時間短縮要請を行うよう指針を示しており、当該指針を踏まえ、都の緊急事態措置として、令和３年１月８日から令和３年１月７日付新型コロナウイルス感染症緊急事態宣言に関する公示に係る東京都における新型コロナウイルス感染症緊急事態が終了するまでの間、飲食店に対して20時までの営業時間短縮要請を行っている。

対象施設は、20時以降も対象施設を使用して飲食店の営業を継続し、客の来店を促すことで、飲食につながる人の流れを増大させ、市中の感染リスクを高めている。加えて、緊急事態措置に応じない旨を強く発信するなど、他の飲食店の20時以降の営業継続を誘発するおそれがある。

これらのことは、更なる新型コロナウイルス感染症のまん延につながるおそれがある。したがって、新型コロナウイルス感染症のまん延を防止し、国民の生命及び健康を保護し、並びに国民生活及び国民経済の混乱を回避するため特に必要があると認め、対象施設の使用制限を命ずるものである。

3　その他

（1）法第45条第５項の規定に基づき、命令をした旨を東京都ホームページで公表する場合がある。

（2）命令に応じる場合は、【問合せ先】に連絡すること。（1）により対象施設の名称及び所在地を公表する場合において、命令に応じたことが確認できたときは、東京都ホームページから当該情報を削除する。

【問合せ先】
東京都 総務局 総合防災部
緊急事態措置等担当
０３－５３２０－７０７１

て、小池都知事を被告に国家賠償を求める訴訟を提起した。[12]

この裁判の争点は、小池都知事の命令が違法か、否かという事である。グローバルダイニング社は、損害賠償額を一店舗あたり一円、二十六店舗×四日間で総額一〇四円とした。各店舗あたり一日一円という請求額には、争点が賠償金額争いに転嫁されることを防ぐ意図があると説明されている。令和三年五月二十一日に行われた第一回口頭弁論では、長谷川社長がコロナ禍で二十億円の負債を抱えた旨を述べているが、実損害の補償を要求した裁判ではなく、司法に憲法解釈を求めたことが特徴である。

グローバルダイニング社は、裁判での争点を憲法第二十九条（財産権）には置かず、営業の自由（第二十二条）と表現の自由（第二十一条）を争うと主張する。措置命令で自社店舗ばかりが狙い撃ちにされたのは、かねてより時短営業や酒類提供の制限などの「要請には応じない」と社の方針を明確にしていたことが発端となったと言われている。

実際に、東京都が発出した措置命令書には、命令を行う理由として「緊急事態処置に応じない旨を強く発信するなど、他の飲食店の二〇時以降の営業継続を誘発するおそれがある。」との文言がある。

営業の自由の侵害については、都の出した命令の根拠法である改正特措法の違憲性に争点が及ぶ可能性もある。

事業者が正当な理由なく命令に応じない場合は過料を科すとされた「正当な理由」の要件に対する政府解釈は次のとおりである。[13]

○西村国務大臣

この時間短縮の要請などについては、これまで法制局とも整理をしてきました、憲法の解釈も含めて議論してきましたけれども、財産権に内在する制約として受忍すべき限度内であることから、限定的に解釈されるべきものと考えております、（中略）さらに、単に要請に応じないことのみならず、専門家の意見を聞いて、感染拡大防止のために特に必要があるか否かを精査した上で命令が行われるという仕組みを明記しております。

そして、措置が実施される期間は一時的である、こういったことから、この正当な理由については、御指摘のように、限定的に解されるべきものというふうに考えております。

（第204回国会　内閣委員会　第2号　令和3年2月1日）

コロナ対策を徹底するためだからといって、企業が主張し得る正当な理由を厳しく限定し、行政が特定企業を見せしめにするような運用も許容されるのであれば、法律で定められている意味がない。

政府が行う様々な危機対応において、事前に法整備が必要だと言われることは多い。事前の法整備とは、政府が何をするかを決めることが主眼になりがちであるが、政府は何をしてはならないかを考えることなしには、国家総動員法の再来になりかねないのである。

田村厚労大臣の告示は違憲

小池都知事は、休業要請の他にも酒類提供の停止やカラオケなどの歌謡設備使用の停止要請を行った。先に述べた近藤四条件のうち、少なくとも「二」「三」「四」には完全に違反をしていると断言せざるをえない要請である。しかも、これらの要請は新型コロナ対策特措法を根拠とするものですらない。

実は、根拠となっていたのは、令和三（二〇二一）年四月二十三日に田村憲久厚生労働大臣が出した告示改正である。

改正特措法の問題として、新設された「まん延防止等重点措置」の導入には、国会の関与なく私権制限の範囲を拡大できてしまうのではないかとの指摘がなされていた。前述のとおり、都道府県知事が発する命令には、違反に対する行政罰（過料）が設けられている。この懸念が現実のものとなったのが田村厚労大臣による告示の改正である。

告示改正は、四月一日、二十三日の二回にわたり行われた。いずれも緊急を理由に、事前の報道発表や国民の意見を聴取するパブリックコメントも省略されている。

この告示改正により、緊急事態宣言中に限らず、まん延防止等重点措置の対象地域では、都道府県知事が幅広い事業者に対し営業制限の命令を出すことが可能になったのである。

この告示に対し、元産経新聞記者で弁護士の楊井人文氏が曾我部真裕京都大学教授の寄せたコメントを紹介している。曾我部教授は、改正特措法にある委任の範囲を超える告示改正に違法の疑いがあるとしている。[14]

カラオケ店でカラオケ装置を使用禁止とする、あるいは居酒屋で酒類提供禁止をするというのは、事実上は営業停止であるとも言いうるため、政令・告示で定めることのできない措置を定めている疑いがあると考えられます。事実上の営業停止という強力な規制であるだけに、委任の範囲は限定的に解釈しなければならないというのは、最高裁判例からも伺えるところです。

（コロナ禍検証プロジェクト　2021年4月29日）

二十三日の告示改正は、当日行われた衆議院内閣委員会での政府答弁で明らかとなり、立憲民主党の後藤祐一衆議院議員が憲法違反であると指摘している。[15]
この問題に対する政府見解は、四月二十八日に行われた衆議院内閣委員会での西村康稔経済再生担当大臣の答弁で確認することができる。[16]

○西村国務大臣
今回規定をいたしました酒類提供の停止、これにつきましては、営業そのものを制限するのではなく営業のやり方に関する規制であるということで、（中略）ノンアルコールを出されて営業を続けておられる店舗もございます。そういう観点から、営業のやり方に関する規制ということで、私ども、対応可能だというふうに判断をして、今回、このような対応を取らせていただきました。

（第２０４回国会　衆議院　内閣委員会　第22号　令和3年4月28日）

民間企業の業態が政府の命令により変更・制限されるのは、営業の自由の明らかな侵害である。戦前の産業統制とさして変わらないが、政府の問題意識は低い。

七月には、政府の問題意識の低さを露呈した事例が見られた。西村大臣が休業要請に応じない飲食店に対し、日常的に取引のある金融機関からも順守を働きかけてほしいと表明し、インターネットのＳＮＳをはじめ厳しい批判が巻き起こったのである。

騒動の渦中、金融庁・財務省・経産省と内閣官房がこの趣旨の文書を発していたことが明らかとなった。さらに、もっと以前から東京都の自粛協力金給付申請に際し、酒類提供の自粛要請に協力しない業者との取引停止に同意する署名を取っていたことが判明する。激しい批判を受け、政府は西村大臣の発言ならびに発出文書を撤回することとなった。

なお、これらの政府による規制が発覚した一連の経緯には、関係する業者や一般の人々の声と国民民主党の山尾志桜里衆議院議員による調査・情報発信が大いに寄与している。

補償のない強制力は「自粛警察」を助長する

立憲的な運用から逸脱した政府に対し、戦前の議会に比べれば、まだ国会で多くの疑問が呈された。世論の動向も、まだしも救いがあるように思えるが、今次コロナ禍においては戦前もかくやと思われる現象が見られた。いわゆる「自粛警察」である。

法的には強制力のない要請にすぎなかった緊急事態宣言下での人流抑制、企業経営を含む民間活動の制限は、いかにして強制力を得たのか。政府の要請に実効的な力を与えたのは、個々人の意識と、それらの集合としての社会的圧力である。

まず、個人単位で言えば、日本国民の驚異的な我慢と協力である。マスクの正しい着用から手指の消毒まで、政府の定めた基準を満たしていない他者に対する「ふさわしい対応」の強要は、時に傷害事件に発展した。自粛要請に応じない店に張り紙や落書きをしたり、あまつさえコロナ患者を出した銀行に石を投げ込むなどの事例さえある。店舗の経営者が客に退去を求めて刃物を持ち出すなど、異常としか言いようのない事件も起きた。

広く社会に目を転じれば、感染拡大の抑止よりも、こうした社会的圧力に起因する暴力に遭遇しないために政府の規制に従う判断がなされた面もある。生活上、あるいは経営上の損失を抱えるなど個人や企業の事情に関わらず、社会の大勢に従うことを強要される。

これを同調圧力という。

政府が新型コロナ対策の実効性向上を目的として、金融機関に対し監督官庁から企業への指導を促し、民間の通常の取引を規制しようとしたことも、こうした社会的な同調圧力の利用の延長線上にある。朝日新聞の取材によれば、実際に多くの金融機関からは、自粛警察や監視は銀行の仕事ではないとの声が上がった[17]。

コロナ禍における政府の施策により、直接または間接的に影響を受けた多くの事業者が資金繰りに苦慮する。必要なのは、法的根拠のない有形無形の社会的圧力ではなく、法にもとづく補償である。

政府は協力金という「事実上の補償」を出してはいるが、「本来は出さなくていいもの」との前提に立つ。「役人の方は補償という言葉が禁句」とは、日本維新の会の馬場伸幸幹事長の言である。馬場幹事長は、その経緯を平成二十三（二〇一一）年三月十一日に発生した東日本大震災当時の個人補償に関わる膨大な仕事量に由来し、実務に携わる官僚に広く共有されている認識であるという[18・19]。

戦前の教訓をふまえるならば、そもそも憲法二十九条三項は、戦時中の国家総動員法に対する反省によって条文化されたものであった。政府による経済統制と財産の接収に対し、国民は財産を隠そうとし、不足する生活物資の需要を満たすための闇経済が生まれた。地下経済とも呼ばれる、政府の規制や税制の及ばない非合法の経済活動であり、補償なき規制が行きつく先である。

なお、政府による統制が破綻した敗戦直後には闇市が興隆したが、戦後の経済復興の進展にともない闇経済は解消した。政府の役割は経済活動の担い手を闇経済に追いやるのではなく、危機時にあっても健全な経済活動の維持に腐心することにある。わざわざ戦前と同じ轍を踏む必要はないのである。

憲法が生活を守る

コロナ禍における政府の運用は、多くの点で緊急を理由に憲法や法律からの逸脱を見せた。本書では財産権を中心に述べてきたが、その他の分野でも同様である。特に問題なのは、通達行政のあり方である。

通達は、行政機関が実際の業務を遂行するにあたり、法令の解釈や裁量基準など実務に必要な内容を発したもののうち、文書の形式が取られたものである。形式を問わず、行政機関の指揮監督を目的とした命令を訓令という。行政機関の対象業務が増大するにつれ、訓令や通達も増え、内容が重層化・複雑化する。コロナ禍に限らず、多くの規制において省令や通達によって運用上の規制が行われる問題も指摘されている。

憲法に則った運用が出来ていれば問題ないのであるが、本来であれば法改正によって行われるはずのものも、「コロナ対策の緊急性」を理由に通達で運用されてしまうことには大きな問題がある。実際の事例として、ワクチン接種の「打ち手不足」への対応を挙げる。

令和三（二〇二一）年四月二十六日、厚生労働省から日本医師会に対し、一本の通達が届いた。その内容は「新型コロナウイルス感染症に係るワクチン接種のための筋肉内注射の歯科医師による実施について」というものである。ワクチンの打ち手が足りない為、歯科医がワクチンを打てるようにするという内容である。▼20・21

本来、医師法という法律で医師にしかできない仕事が決められている。医師免許と歯科医師免許も、元々別のものである。

医師法　第十七条　医師でなければ、医業をなしてはならない。

歯科医師法　第十七条　歯科医師でなければ，歯科医業をしてはならない。

医道審議会医師分科会と歯科医師分科会が合同で行った法的整理は、「歯科医行為」と「医行為」の別により、歯科医による継続的なワクチン接種行為が「医師法（昭和23年法律第201号）第17条に違反する。」との前提に対し、どのような考え方と対応が可能であるかが検討された。

「コロナ禍という有事だからそのような事を言っている場合ではない」というのは意見として納得はできる。しかし、法律で禁止されていることが役所の通達一本で可能になったのは問題である。

歯医者に注射を打たせるなと言う話ではない。ワクチンのすみやかな普及には、与野党間の対立もないだろう。それならば、午前に衆議院で法案を通して、午後に参議院で可決し、可決と同時に法律として施行すれば良いのである。法案の内容は、厚生労働省の通達と同じで良い。

ここで問題になることは、法律で禁止していることを役所の通達一本で変更可能ならば、法律とは何のために存在しているのか、ということである。ひいては選挙の意味は一体何なのか、とも言える。今回のコロナ禍の政府対策の中で、ワクチン接種に関する通達もまた、法運用の課題として検証されることが求められる。

令和三年九月三十日をもって、一年半にわたり繰り返されてきた緊急事態宣言は、ようやく全面解除となった。菅内閣の退陣が決まり、自民党総裁選が新総裁を選出したタイミングで菅首相が宣言を行った。

コロナ禍の中で行われた政府による民間への制約の中、「コロナ禍で私権を制限できないから、いつまでたってもコロナ禍が終息しないのだ」などの主張を繰り返す者も多く見られた。しかし本書で述べてきたとおり、政府は好き勝手に私権を制限したのが実態である。いかなる私権制限を行っても、戦前は国土が焦土となったし、コロナは終息しなかったのが事実である。

有事であるからこそ、国民は簡単に自身の権利を手離してはならない。危機は繰り返し訪れる。今後、緊急事態に関する論議を行う前に、国民の目に見えるよう今次コロナ禍における政府と国会の運用について厳しい検証が行われることが重要なのである。

第四章　ポストコロナへ

・YouTube番組『チャンネルくらら』より

救国シンクタンクでは、活動報告をYouTube番組『チャンネルくらら』にて番組として配信を重ねてきた。第四章では、本書に関係する番組をいくつか取り上げて掲載する。

掲載内容は、日本維新の会幹事長である馬場伸幸衆議院議員、国民民主党代表の玉木雄一郎衆議院議員と行った、コロナ禍における憲法二十九条（財産権）などについての対談を抜粋・要約したものである。

コロナ禍において、実際の政治の現場で特措法改正の議論や規制に伴う補償について、どのような議論がなされていたかを知ることのできる、大変貴重な内容である。

また、令和三（二〇二一）年七月八日の西村康稔経済再生担当大臣の「大失言」を受けて『チャンネルくらら』にて配信した番組内容も掲載する。

この番組では、救国シンクタンクにおいてコロナ禍における政府対策の法令研究にご協力いただいた弁護士の横山賢司氏と倉山満所長が、西村経済再生担当大臣の「大失言」を憲法の観点で見るとどのように糾弾されるべきかを解説している。国民の自由が蹂躙されかねない状況を憲法の観点から学ぶ事ができる内容となっている。

本章の最後には、横山弁護士によるレポート「新型コロナウイルス感染症流行に伴う中小規模旅行業者の実態」を採録させていただいた。

◆「新型コロナ特措法改正　政府に補償は禁句?!」日本維新の会幹事長馬場伸幸　倉山満【チャンネルくらら】2021年1月29日[1]

この番組では、日本維新の会幹事長の馬場伸幸衆議院議員と対談をおこなった。対談を企画した理由は、令和三（二〇二一）年一月二十一日の衆院本会議で行われた代表質問で近藤正春内閣法制局長官が馬場幹事長の答弁に応じる場面があったためである。[2・3]

法制局長官による本会議での答弁は憲政史上初の出来事である可能性も考えられるものであった。

◇倉山

馬場幹事長が近藤内閣法制局長官に答弁を求めた質問を要約すると「新型コロナウイルス特措法の改正案の罰則付き部分に、店名や個人名の公表が含まれているが、現代はSNS時代であるため意味合いが違うのではないか」という質問内容であった。

この質問に対する近藤内閣法制局長官は「個々の公表規定の内容や規定の仕方については、個別具体的に検討されるべきものであり、一概に申し上げることは困難であると考えております」と答弁をおこなった。

「個別具体例で判断しなければならない」という近藤長官の答弁であった。

◇馬場

その話に付け加えると、知事が要請できるのは、病院については「医療関係者」に対してとなっている。だが、罰則を適用するときには「病院名」を公表するとされている。

法律の条文に書かれていない機関に罰則が適用されるのは、法律の建付けとして問題ではないかという質問も同時にしていた。

感染症法十六条の二の改正案
厚労相や都道府県知事が医師や医療関係者に「勧告」が可能→「勧告」を拒むと医療機関名を公表できる

◇倉山
政府が罰則規定に基づいて病院名の公表を実施するということは、ＴｗｉｔｔｅｒやＦａｃｅｂｏｏｋなどのＳＮＳで情報拡散が行われるリスクが高いと考えられる。ＳＮＳによる私刑に晒され、風評被害に遭う病院、個人が発生する可能性があるといえるのではないか。このような事態を政府が推奨してしまいかねない。

◇馬場
いまは時代が違うのだからＳＮＳによる風評被害などの事態が起こりうると考えている。

◇倉山

新型コロナウイルス対策特措法の改正案に関して、令和三（二〇二一）年一月十三日の『読売新聞』三面に『新型コロナウイルス特措法の改正案は「形式は政府提出法案だが実質は議員立法である」』という驚愕の見出しが躍っていた。内閣法制局の審査を通っていないのか。

◇馬場

新型コロナウイルス対策特措法の改正案は、修正ありきで出されている。このような法案も憲政史上初ではないか。

◇倉山

提出されると直ぐに与野党協議が始まった。

◇馬場

今回の特措法改正案に関する動きには、国会対策委員会の動きが前面に出すぎている。

◇倉山

特措法改正案については、自民党国対委員長の森山祐衆議院議員と立憲民主党国対委員長の安住淳衆議院議員の二人が中心になって動いたと考えられる。野党である日本維新の会はどのような動きをしているか。

◇馬場

日本維新の会は「命令・要請を出す場合は補償を徹底し、従わなければ罰則」という制度設計が必要だという立場である。補償制度を整えたうえで罰則に関する議論ができる。秋や冬にコロナが再流行したときに休業要請を出しても補償対応ができる体制づくりが重要である。

◇倉山

コロナ対策をしなければならないが、補償をしっかりと行わなければいけない。補償がないと営業自粛をしたくても出来ない。結果としてコロナ対策にもならない。そして、コロナが恐ろしいからと自殺する人や経済苦に陥る人、SNSリンチを放置していいわけではない。

だからこそ「命令・要請、補償、罰則」の三点セットの政策が必要であると日本維新の会は訴えている。

では、コロナ対策を理由に憲法違反をしても良いのか。どれか一つでも抜けていい政策ではない。「政策の総合」が重要だ。

日本維新の会は政府のコロナ対策に憲法違反の疑義があると訴えているが。

◇馬場

戦後の日本が「主権の制限」と「公共の福祉」をどのようなバランスで統治をしていくのか、しっかりと議論をしてこなかったことが今の問題につながるのではないか。「主権の制限」と「公共の福祉」のバランスをどうするのか、憲法の中にしっかりと定義付けが必要な時期ではないのか。

◇倉山

憲法の条文を変えることよりも運用方法が大切である。

特措法改正案は憲法第二十九条（財産権）に違反している疑いがある。国民に営業時間短縮などの財産権に直結する部分を制約していながら十分な補償を与えていないからだ。

憲法第二十九条の一項と二項は戦前の帝国憲法に明記されていたが、三項は日本国憲法で追加された条文である。この条文は、戦前に「国家総動員法」で国民の財産を政府が制約をしたが、十分な補償を与えなかったため、政府の政策に対する反省の意味で三項は条文に明記された。

だが、コロナ対策を行う政府の役人は「協力金」などの支払いをしているが、「補償」であると考えていないのではないか。

◇馬場

役人と話をすると、役人にとって「補償」という言葉は禁句であるという話だ。

あくまで役人の立場として、「平成二十三（二〇一一）年三月十一日発生した東日本大震災の補償対応をした際に、膨大な時間と労力を費やしたが、補償が必要な全ての国民に行き渡る頃には補償の意味が無くなってしまった。その経験から、今回のコロナ禍で役人が「補償」を考えないという思考回路になったのでは」と役人の方から話を聞いた。

◆補償でなく協力金の理由!? 受忍限度論とは? 日本維新の会幹事長 馬場伸幸 倉山満【チャンネルくらら】2021年1月30日▼4

◇倉山

補償はしないが別の名前で「協力金」を支払う政府の対応はおかしいのではないか。

◇馬場

政府の対応はおかしい。政府は新型コロナウイルス感染症は突発的に発生した事態であることを理由に、「補償」ではなく持続可給付金などと言う名目で暫定的な対応をしてきた。

突発的な事態であるので政府の対応は致し方ない部分はあるが、今後、新型コロナウイルス感染症の再拡大が起きたときには、政府がしっかりと対応できる準備をしなければいけないが、政府とは意見がかみ合わない。

◇倉山

憲法第二十九条三項の規定に従い政府が国民に「補償」をする場合、補償金は青天井になる可能性がある。だが、実際の政府は強制力のない呼びかけだから補償は不要という対応をとっている。しかし、補償がゼロでは国民も反発するので補償金という名目を使用しない「協力金」などの名目で不十分な補償をしている。

一回目の緊急事態宣言では国民も納得していたが、二回、三回と再発令されることで政府に対する国民の不満が高まっている。

◇馬場

実際に国民の間でも不満が高まってきている。飲食業にはそれなりの協力金などの制度があるが、飲食業以外の業種が不公平感を高めて「自分達の業界にも協力金を政府は支払え」という事態が想定されうる。

このような各業界への協力金のバラマキは国民からは「声が大きい業界だけが協力金を得られるのか」と思われてしまい、政府の要請に応じて営業自粛や外出自粛などをしている国民の信頼感を損なう可能性がある。

◇倉山

憲法第二十九条三項は戦時中の政府の対応を反省して条文化したものである。

昭和十三（一九三八）年に成立した国家総動員法によって、政府は「戦争に勝利するため」という理由で、国民の財産（貴金属など）を補償もなしに自由に取り上げていった。結果として国民は自分たちの財産を隠して闇経済が広がる原因になった。愛国心がある国民であっても補償もなしに財産を取り上げられるのは耐えきれなかったのだ。

愛国心がある国民が協力できないというのがポイント。

コロナ禍において政府は補償をせずに国民への自粛要請を出しているが、憲法の規定に則り補償を出さないと自粛要請はしてはいけないというふうに考えるのが、本来の憲法論議である。だが、政府は憲法の規定にある「補償」を無視して自粛要請を続けていくのが目に見えている。「コロナ禍だから」を理由に何でも政府がやっていいわけではない。

◇馬場
憲法の規定に則って自粛を要請し、補償をしていくのが大事。

政府が「補償」を出さずに様々な名目で少しずつ実質的な補償金を国民に出しているのは、国民からの評価を下げるため、逆効果になっている。

◇倉山
「補償」という名目を使わずに様々な名目で実質的な補償を出しているのは国民への負担になっていないか。

◇馬場
特に高齢者の方々は、協力金制度は種類が多く、申請方法も分かりづらいなど、大変苦労をしているのが実情。申請方法がわからずに諦めてしまう人もいる。

◇倉山
「コロナがペストのように危険な伝染病」という仮説の基で対応していくのならば、憲法の規定に従って損失を補償しないとおかしい。「ペストのように危険な伝染病であるが、憲法の規定に則って補償をすると、補償金が青天井になるから補償をしない」と言いながら自粛を強いるのは、政策の総合性がない。

◇馬場

大阪の吉村洋文府知事は政策決定の場をオープンにして、府民に対して「この政策は、このような過程を経て、この結論に至りました」という可視化をしている。

政府も同じように政策の意思決定の場をオープンにして、国民の理解を得る努力をしていかなければならない。

◇倉山

国民の多くは、コロナ対応に伴う政府の要請に協力をしたいと考えている。しかし、補償もなしに自粛に応じる事はできない。馬場幹事長の言うように政策決定の場を可視化して国民の信頼を得る必要がある。

馬場幹事長は、令和三（二〇二一）年一月二十一日の衆院本会議で行われた代表質問で、大勢の国民はコロナ対策として政府の要請に従おうとしているが「自民党は受忍限度内の範囲論と考えているのか」と質問をおこなった。

どういう質問か平たく言うと「戦争被害のようなときは政府の補償は不要である、という最高裁判例がある。しかし、世界的にみると、そのような状況でも政府が補償を国民に出すのが趨勢であるが日本政府はどうするのか」という意味合いである。

◇馬場
戦争被害の補償に関して、欧州の国々では手厚く補償するというのが一般的。日本においては戦争被害に対する補償は、何度も提訴が繰り返されてきたが認められていない。なぜ、裁判所は認めないのかというと、たとえ政府が始めたとしても「戦争の被害や犠牲は甘んじて耐え忍ぶべきものだ」という「受忍限度論」があるためだ。

令和二（二〇二〇）年八月十一日付の読売新聞に自民党憲法改正推進本部最高顧問の高村正彦衆議院議員が「受忍限度論というのがあります」ということを記事の中で述べていたが、おかしな発言である。

今回の休業要請は客観的に感染リスクが認められる事業者への休業要請であり、憲法で定めた公共の福祉の範囲内の制約で、事業者側から言えば受忍限度の範囲内と捉えるべきではないか。

（読売新聞　令和二年八月十一日）

◇倉山

新型コロナウイルス対策特措法の改正案の肝が罰則を入れることであると考えているが、自粛要請に従わない飲食店に対して、自粛警察が張り紙や嫌がらせ行為を行っている。政府は自粛要請をする際に、自粛警察の被害にあったら被害届を出してくださいと呼びかけをしてはどうか。法改正も不要である。

◇馬場

コロナに感染された方、コロナ感染者を治療された医者や看護師も自粛警察の被害を受けてきた。政府としてもしっかりと対応をしていく必要がある。

◆緊急事態延長に補償を！ＰＰＰ給与保護プログラム　国民民主党代表玉木雄一郎　倉山満【チャンネルくらら】２０２１年３月７日[5]

国民民主党代表の玉木雄一郎衆議院議員との対談番組に至った理由は、国民民主党の投票行動に注目をしたためだ。令和三（二〇二一）年二月三日に新型コロナウイルス特措法の改正案が成立したが国民民主党は反対票を投じた。

ちなみに国民民主党は、二月十日の日銀審議委員の国会同意人事において野口旭氏の承認に賛成票を投じた。

	コロナ特措法（束ね法案）	日銀審議委員国会同意人事（野口旭氏）
自民党・公明党	賛成	**賛成**
立憲民主党	賛成	反対

日本維新の会	賛成	**賛成**
共産党	**反対**	反対
国民民主党	**反対**	**賛成**

太字が、倉山が望んだ投票行動。

当時、倉山の考える二つの重要政策で、国民民主党のみが賛同できる投票行動をとったので、この対談を申し込んだ。

◇倉山

最初に、なぜ国民民主党は提言型野党でありながら特措法改正案に反対をしたのか。

◇玉木

特措法改正案について、国民民主党は特措法改正を前年から訴えていた。「補償と罰則」の両方がしっかりセットになっている実効性がある法案である。与党の提出した改正案にも様々な提案をしていたが、最終的には反対することを決断する。反対した根本的理由は

「補償と罰則」が改正案のなかにセットで入っていなかったためである。
菅総理は特措法改正案が国会で成立した当日の会見で「支援策と行政罰をセットにし、より実効性の高めるものであります」と発言していたが大きな間違いである。▼6・7
「罰則規定」は入っているが「事業規模に応じた補償」が全く担保なされておらず、付帯決議も大臣答弁、国会答弁でも何ら補償されていない。だからこそ、特措法改正案に反対した。特措法改正案は憲法二十九条三項（財産権）に違反する可能性がある。政府は「受忍するべき義務」であり「内在する制約」だという理屈で、国民に制約を課すのは当然であるという姿勢を示している。
新型コロナウイルス特措法の元になっている法案は、民主党政権時代の平成二十四（二〇一二）年に制定された「新型インフルエンザ等対策特別措置法」である。この法案が成立する際にも「内在的制約説」が議論されて組み込まれることになったが、内在的制約を科す場合にはいくつかの条件があった。その一つが「罰則がないこと」が条件である。つまり、特措法改正案で罰則規定を盛り込んだ時点で「内在的制約説」は当てはまらなくなっている。

◇倉山
新型コロナウイルス対策特措法改正案は憲法二十二条（営業の自由）、第二十九条（財産権）、他の条文にも違反する、違憲のオンパレードである。

◇玉木
特措法改正案に関連して、感染症法改正にも問題がある。コロナ感染者は発症日から一〇日間は病院やホテルなどの宿泊施設に隔離（健康観察期間）されるのだが、ホテルや宿泊施設に隔離されて療養するべき人が自由に外出してしまう問題があった。

海外からの旅行客をホテルに隔離させようとしても法的義務がないため、勝手に外出してしまいコロナ感染拡大につながってしまう。病院に入院する必要がない元気な人を隔離する必要があったが、感染症法改正では全く触れられなかった。

感染症法改正に伴い罰則規定が定められたが、病院で療養をする患者にしか適用されない。入院勧告に応じなかった場合、感染症法第八十条によって五〇万円以下の過料に処すことができるようになったのみだ。

感染症法第八十条
（前略）正当な理由がなくその入院すべき期間の始期までに入院しなかったときは、五十万円以下の過料に処する。

◇倉山
政府は頑なに「補償」という言葉を使用することを避けている。「補償」名目だと支払う義務が生じるが、「協力金」という名目で不十分な実質的な補償をしている。

◇玉木
政府が「補償」を頑なに拒む理由として財務省の影響が大きいとみられる。財務省は設置法上の責務として財政引き締めのスタンスであるのは致し方ない。だからこそ政治家が強い意志を示して財政出動を財務省に迫ることが重要である。特措法改正案に「補償」が盛り込まれなかったのは与野党の政治家の責任だ。

◇倉山
国民民主党は、令和三（二〇二一）年二月十日の日銀審議委員の国会同意人事において賛成を投じたが。

◇玉木
コロナ禍で落ち込む日本経済を支える上で日銀の金融緩和政策を継続する必要があり、金融緩和を支持するリフレ派の野口旭氏を日銀審議委員にする必要があると考えて、国民民主党は賛成を表明した。

◇倉山
コロナ対策も経済対策も両方が必要であり、コロナ禍で不安になっている人たちの心を鎮めることが大切であると言い続けてきた。だが、いじめの件数やＤＶ被害数、自殺者数などは増加している。そのような状況で国民民主党は「孤独担当大臣」を提案していた。

◇玉木

感染対策も景気対策も「気を操る」からこそ人の気持ちが大切である。人の心に訴える政策は重要。国民が政府の政策に従おうと思うのも気持ちの問題だ。

国民の気持ちが落ち込んでいるのが「自殺者数の増加」という数字に表れている。

特に問題なのが、三〇代以下の女性の自殺率が増加している。昭和五十五（一九八〇）年から統計を取り始めた子供の自殺者数は令和二（二〇二〇）年が過去最多を記録している。コロナ禍における日本の問題を端的に表している。

国民民主党としては「孤独に向き合う」というのも大事な政策としている。令和元（二〇一九）年の国民民主党の政策に「孤独担当大臣」を取り入れていた。当時は高齢者が対象だったが、コロナ禍においては女性や子供の孤独に向き合う重要性が増してきた。

すると、令和三年二月十二日、提案していた孤独担当大臣が実現した。坂本哲志少子化大臣が「孤独・孤立対策」担当を兼務することになる。それと共に、総合支援資金の政策における給付期間の延長案も取り入れられた。▼8

国民民主党としては、坂本少子化担当大臣と協力をしていく。コロナ禍において若者が将来に対して不安を抱き、孤独に苦しんで自殺を選択することがいたたまれない。「最大の気持ちの問題」である自殺を無くさないで景気回復はないと考えている。

◇倉山

令和二年の冬頃、「選択的夫婦別姓問題」で左右の政治家が対立していたが、コロナ禍においてやるべきことではないのではないか。

◇玉木

コロナ禍において右左のイデオロギー対立は必要なくて、目の前の人を何とか救う、潰れそうな会社を何とか救う、一人でも一社でも救うことが与野党問わず政治の仕事であると信じている。

◆緊急特番！西村康稔大臣の議員辞職を求めます　弁護士横山賢司　憲政史家倉山満【チャンネルくらら】2021年7月9日[9]

令和三（二〇二一）年七月八日、政府の新型コロナウイルス対策分科会の尾身茂会長と共に、会見の場に臨んだ西村康稔経済再生担当大臣は大失言を放つ。憲法論議以前に国民の生命、自由を蹂躙する問題発言である。西村経済再生担当大臣は即刻、議員辞職。菅総理は西村大臣に即刻、罷免を突きつける必要があった。

この番組では縷々、西村経済再生担当大臣の大失言の問題を指摘している。

参考として、最初に会見での記者と西村経済再生担当大臣のやり取りを掲載しておく。[▼10]

（質問者）テレビ東京　小野記者

「取引先である金融機関に通知するということが対策としてありますが、金融機関に知らせる狙いは何なのか、金融機関にどういうアクションを起こして欲しいのか」

西村経済再生担当大臣

「応じて頂けない店舗の情報を関係省庁、金融機関とも共有して金融機関からも応じて頂けるように働きかけを行っていただくことで取り組みを進めたい。関係省庁ともすり合わせを行っています」

（質問者）テレビ東京　小野記者

「それは金融機関が、その店に対する融資の引き揚げや貸付、そういった資金面での圧力をかけて欲しいという風にお考えなのでしょうか」

西村経済再生担当大臣

「金融機関、様々、日常的にやり取りを行っていますので、法律に基づく要請あるいは命令でありますから、そういったことをしっかり遵守していただけるよう金融機関からも働きかけを行って頂きたい」

◇倉山

以上の発言を会見の場で西村経済再生担当大臣はおこなった。憲法と刑事訴訟法と行政法に当てはめると違憲・違法の数々である。

◇横山

西村経済再生担当大臣の大失言は、自分で守るべき憲法を含めた法令を守れないことを表明している。あきれて笑うしかない状況である。

◇倉山

事実として、西村経済再生担当大臣は「酒類提供を続ける飲食店に対して金融機関を使って圧力をかける」という発言をした。さらに金融機関に働きかけるという発言は権限踰越である。西村大臣は金融担当大臣ではない。

ここからは、西村経済再生担当大臣の大失言をまとめながら憲法の観点から、どのような問題があるかを解説していく。

西村経済再生担当大臣は、政府の酒類提供禁止の要請に従わない飲食店に対して、コロナ対策特措法に基づいて金融機関に、酒類提供をしている飲食店の情報を提供すると言っている。この発言は、憲法第十三条の幸福追求権に含まれる「プライバシー権」の侵害に当たる。

コロナ対策特措法自体に違憲の疑義があるが、この大失言に法が適用されたと想定する。酒類提供をしていることを理由に、政府が金融機関に飲食店の情報を提供することは、「金融機関は酒類提供をする飲食店に貸し出しをするな」という意味に取られかねない。

西村経済再生担当大臣は、政府から金融機関への情報提供は「要請や声掛け」の協力要請だとしているが、国会議員の発言というのは権力の行使に当たる。西村康稔氏は自身が国会議員であること、ましてや大臣を務めていることを理解していないのではないか。

政府から金融機関に渡された情報に載っている酒類提供業者に、資金提供を禁止するという意味であるとするならば、西村経済再生担当大臣の発言は、憲法第二十二条「営業の自由」、第二十九条「財産権」を侵害している。憲法第二十二条と第二十九条はセットで「経済的自由権」と呼ばれる。酒類提供をする飲食店に金融機関が貸し出しをしないという事は、飲食店を破綻させることにつながる。

だが、西村経済再生担当大臣の大失言は憲法第三十一条から第四十条にかけても侵害しているとみられる。日本国憲法第三十一条から第四十条にかけては、アメリカの刑事訴訟法と同様の内容であり、現在の日本でも刑訴訴訟法で扱われているものと同じような内容である。つまり、わざわざ憲法の条文にする必要がない「破らないのは当然という扱い」をされるのが第三十一条から第四十条なのである。

実質的な意味として刑事訴訟法に当たる憲法の数々を、西村経済再生担当大臣の大失言は破っているのだ。

余談ではあるが、私が国士館大学において憲法の教員を務めていた時代に、大学生に出題率一〇〇％で出していたテストの問題を紹介する。

問「due process of law（デュープロセスオブロー）の訳語として正しいのはどれか」

この問題の答えは「法の適正手続」である。

この問題を間違える者は大学卒業資格がないと、はっきりと大学生たちに伝えていた。「権力者は法の適正手続を守らなければいけない」という事である。

改めて西村経済再生担当大臣の大失言を憲法第三十一条から第四十条にかけて見ていく。第三十一条は刑事裁判だけではなく行政手続にも援用される。

> 第三十一条（法の適正手続）
> 何人も、法律の定める手続によらなければ、その生命若しくは自由を奪はれ、又はその他の刑罰を科せられない。

◇横山

平成四（一九九二）年七月一日に行われた最高裁判所大法廷判決「成田新法事件」で、憲法第三十一条に応じた刑事手続の条文が、行政手続に適用される場合があると判断されている。▼11

西村経済再生担当大臣の大失言は、刑事罰ではないが行政手続に該当される。そのため憲法第三十一条は適用されるのは憲法上当たり前の話である。

◇倉山

「法律の定める手続によらなければ」というのがポイントであり、会見の翌日に西村経済再生担当大臣の発言を政府は取り消した。万が一にも発言を取り消されなかったら、条文の「法律の定める手続によらなければ」という部分が適用されて、国民の財産、自由、生命が奪われる危険性がありえた。そして、コロナ特措法自体が憲法以前に行政法に違反していると考えられる。

◇横山

西村経済再生担当大臣の金融機関に対する発言は、「政府の要請に従うように」という行政手続法に定める行政指導の一つと見られる。行政手続法第三十二条（行政指導の一般原則）には、このような一文がある。

行政手続法　第三十二条（行政指導の一般原則）
（中略）あくまでも相手方の任意の協力によってのみ実現されるものであることに留意しなければならない。

それと比較すると西村経済再生担当大臣の発言は、金融機関への任意の協力要請とは到底考えられず、政府による圧力であるとしかいえない。

行政指導にあっては、行政指導に携わる者は、いやしくも当該行政機関の任務又は所掌事務の範囲を逸脱してはならないこと及び行政指導の内容があくまでも相手方の任意の協力によってのみ実現されるものであることに留意しなければならない。

そもそも、西村経済再生担当大臣が金融機関への圧力をかけることは、行政手続法の所掌事務の範囲内を逸脱していると言える。金融機関への働きかけは金融担当大臣や財務大臣の所掌権限の範囲内になるためだ。

『行政手続法二条六号』

行政指導　行政機関がその任務又は所掌事務の範囲内において一定の行政目的を実現するため特定の者に一定の作為又は不作為を求める指導、勧告、助言その他の行為であって処分に該当しないものをいう

◇倉山

そして、コロナ特措法に基づいて政府が酒類提供業者の情報を第三者の金融機関に提供する、というのは明確な個人情報保護法違反である。政府の要請に従わないことを理由に個人情報を提供してはいけないのは常識ではないのか。西村経済再生担当大臣の発言を実際に適用した場合、政府が民間の金融機関を利用して民間業者に圧力をかけるという間接的なリンチを可能にする状態になってしまう。

◇横山

法令違反情報を公表することは出来るが、金融機関に情報提供を許可する法律はどこにも存在しない。もし実行した場合は完全な個人情報保護違反・プライバシー権侵害など様々な法律違反に当てはまる。

行政機関個人情報保護法　三条一項
行政機関は、個人情報を保有するに当たっては、法令の定める所掌事務を遂行するた

めに必要な場合に限り、かつ、その理由の目的をできる限り特定しなければならない

◇倉山

また、憲法第三十五条にも違反していると考えられる。

第三十五条（住居の不可侵）

何人も、その住居、書類及び所持品について、侵入、捜索及び押収を受けることのない権利は、第三十三条の場合を除いて、正当な理由に基いて発せられ、且つ捜索する場所及び押収する物を明示する令状がなければ、侵されない。

犯罪者であっても令状なしでは逮捕も家宅捜索に入られることもないのだが、西村経済再生担当大臣は、コロナ特措法を名目に個人情報を第三者の金融機関に提供し、資金提供を止めさせる圧力をかけるという趣旨の発言をした。生殺与奪の権を与えるという意味だ。

個人情報を第三者に勝手に提供するのは、勝手に家宅捜索を実行するのと同じ意味であ

る。

戦時中の東條英機内閣における特高警察は悪名高いが、裁判所の令状なしで特高警察が家宅捜査に入るようなことはなかった。建前として日本は法治国家であった。

同時代のナチスやソ連のＫＧＢ（秘密警察）は令状なしの家宅捜査を実行したが、非文明的な行為である。西村経済再生担当大臣の大失言は、憲法を蔑ろにして、法治国家を否定する、非文明的な発言である。

西村経済再生担当大臣の大失言は「法秩序の破壊を宣言した」と言える非文明的な発言であった。

憲法論議を行う際に重要なことは、憲法の条文通りに運用出来ているかだけではなく、憲法の要求する精神に則って運用が出来ているかが大切なのである。

憲法の精神に則った運用を「立憲」と呼び、則らない運用を「非立憲」と呼ぶ。

そして、西村経済再生担当大臣の発言内容は、憲法第三十六条に照らし合わせて「非立憲」と断定できる。

憲法第三十六条は、警察官や刑事が取調において拷問を用いて自白強要するのを防ぐ目的の条文である。刑事訴訟法に当てはまる条文であるが、行政手続きにも援用できる。

政府の要請に従わない民間企業に民間金融機関が貸し出しをさせないという、西村経済再生担当大臣の発言が当てはまる。

第三十六条（拷問及び残虐な刑罰の禁止）
公務員による拷問及び残虐な刑罰は、絶対にこれを禁ずる。

また、今回の西村経済再生担当大臣の大失言は、酒類提供をする飲食店を犯罪者として扱うかの如き内容である。政府はあくまでも酒類提供禁止の「要請」をしている。酒類提供をすることが違法であるような発言は、憲法第三十九条に違反していると見なせるだろう。

第三十九条（遡及処罰の禁止）
何人も、実行の時に適法であつた行為又は既に無罪とされた行為については、刑事上の責任を問はれない。又、同一の犯罪について、重ねて刑事上の責任を問はれない。

西村康稔経済再生担当大臣の大失言は大臣辞職では済まされない、議員辞職に値する。自民党は西村経済再生担当大臣の失言を翌日に撤回をし、自民党内でも小倉將信衆議院議員、平将明衆議院議員など若手から批判の声が上がったことは、自民党の良識が示されたと感じた。菅内閣は更なる良識を示すことが出来るのであろうか。

――

その後、西村大臣は陳謝し、騒動は何事も無かったかのように終結。菅内閣の退陣まで、西村大臣はその地位に留まった。

◆横山弁護士レポート

「新型コロナウイルス感染症流行に伴う中小規模旅行業者の実態」

一．旅行業者の構成

観光庁によると令和二（二〇二〇）年四月一日現在において、旅行業者総数（旅行業者と旅行業者代理業者、旅行手配サービス業）は、一万一九四八社である（日本交通公社「旅行年報2020年」令和2年10月、102頁）。

旅行業者の中で従業員一〇人未満の小規模業者が八割を占め、従業員一〇～一〇〇人未満の中規模業者と合わせると約九七％を中小規模の旅行業者が占め、ＪＴＢや日本旅行等の大規模旅行業者はわずか二．五％にとどまる（帝国データバンク　令和2年12月11日付「特別企画：旅行業者の経営実態・倒産動向調査」）。

二．新型コロナウイルス感染症（以下「コロナ」という。）の流行による旅行業者の影響

中華人民共和国武漢市において始まったコロナの流行による緊急事態宣言発出により、政府は移動の自由等の私権制限を行ったために、移動を必要とする旅行についても大きな

影響を受けることになった。

そして、令和三（二〇二一）年五月二十一日、観光庁により「令和2年度主要旅行業者の旅行取扱状況年度総計（速報）（令和2年4月分〜令和3年3月分）」（以下、「観光庁総計」という。）が公表された。観光庁総計は緊急事態宣言発出以降における統計であり、政府による私権制限政策による旅行業者への影響を最も表す指標であるといえる。

観光庁総計によれば、国内旅行の取扱額が対前年度比六三．一％減、海外旅行で対前年度比九七．七％減となっており、コロナの流行にともなう政府による私権制限により旅行業者は大打撃を受けている。

ただし、上記観光庁の統計は、主に第一種旅行業者に登録し、かつ、従業員一〇〇人以上の大規模旅行業者を対象にしているため、従業員一〇〇人未満の中小規模旅行業者の調査結果が反映されているわけではない（観光庁総計三頁以下）。

多くの中小規模旅行業者が加盟する全国旅行業協会の統計によれば、旅行者の加盟が義務付けられている旅行保険事業の取扱実績は、緊急事態宣言以後の令和二年度（令和二年四月〜令和三年三月）の間にコロナの流行以前の令和元年度（平成三十一年四月〜令和二年三月）までと比較して八〇〜九〇％減少している。ＧｏＴｏトラベル事業による支援が行われた令和二年九月から十二月までの間でも取り扱い実績は令和元年度同月比で取り扱実績が五〇％にも満たず、ＧｏＴｏトラベル事業の恩恵は旅行業者でいえば大規模旅行業者に集中していることがわかる。

実際に中小規模旅行業者は、大規模旅行業者よりもコロナの流行による影響が深刻な状況となっている。

三．ＧｏＴｏトラベル事業（以下、「ＧｏＴｏ」という。）の旅行業者への影響

（一）　総論

ＧｏＴｏは旅行代金を国が補助することにより旅行需要を掘り起こすことで、旅行に関連する事業者に対する支援を目的に創設された制度である。

旅行需要が喚起されることにともない旅行業者も恩恵を受けていることは否定しないが、その恩恵は微々たるものであり、一番の利得者は旅館業や旅客運送業者であった。

また、一部報道では、ＧｏＴｏで大規模旅行業者や高級宿泊施設のみに利益が偏り、中小規模旅行業者に恩恵は少ないと言われている（トラベルジャーナルオンライ

ン令和二年十一月九日付け「ＧｏＴｏトラベルの3か月　観光産業に何をもたらしたか」)。

加えて、令和二年十一月二十四日に赤羽国交大臣により公表されたＧｏＴｏの停止及びキャンセル料の政府補償により、旅行業はキャンセル料返金手続で過重な負荷を負わされることになり、一連のＧｏＴｏは旅行業者の経営を圧迫することになった。

（二）　ＧｏＴｏの資金構造

一部報道で、ＧｏＴｏは旅行業者のみが恩恵を受けているという報道があったので、ＧｏＴｏの資金構造について説明する。

まず、旅行業者は、旅行者から旅行代金の五～一〇%の金額を手数料として受け取ることで、事業の売上を得ている。

たとえば、旅行業者が旅行者から一万円を旅行代金として受け取った場合、上図のとおり、旅行業者は一〇〇〇円を手数料として取得し、残りを旅館業者や旅客運送業者等の関連業者に宿泊代や運賃等として支払うことになる。

では、ＧｏＴｏを利用した場合にどのような変化が生じるか。

図のとおり旅行業者は、ＧｏＴｏの補助対象となる旅行代金の三五%相当になる三

図：旅行契約時における資金配分のまとめ

	GoTo 前			GoTo 後		
	支払額	配分額		支払額	配分額	
旅行者	10,000			6,500		
旅行業者		1,000		3,500 ※	1,000	※ GoTo 補助金の立替
関連業者		9,000			9,000	

※関連業者は旅館業者や旅客運送業者等の旅行に関係する業者のすべてをいう。

五〇〇〇円を控除した金額（六五〇〇〇円）を旅行者から受領する。

そして、ＧｏＴｏの補助対象となる旅行代金の部分（三五〇〇円）は、旅行業者が一時立替えた上で、旅行業者が関連業者に対して費用の全額を支払うことになる。

そして、ＧｏＴｏの補助対象となる部分は、旅行業者がＧｏＴｏトラベル事務局に対して請求を行う。

このように、ＧｏＴｏが開始されたとしても、旅行業者に入ってくる売上はＧｏＴｏによって変わらず旅行代金の一割に満たない。むしろ、ＧｏＴｏの補助対象費用の立替による資金繰りや申請事務という業務外の仕事が増えることになり、旅行業者に対する負担が増大することになった。

（三）　ＧｏＴｏ一時停止措置による旅行業者に対する過

重な負荷の発生

ア　ＧｏＴｏ一時停止とキャンセル料の取扱い

令和二年十一月二十四日、赤羽国交大臣が記者会見においてＧｏＴｏの一時停止措置及びキャンセル料の国の補償が発表された。

それに伴い観光庁からＧｏＴｏを利用している旅行に対するキャンセル料の取扱いに関する内容が公表された。

その内容は次のとおりである。

① 旅行者は令和二年十二月十四日から令和三年一月十七日までの旅行について無料でキャンセルを行うことができ、既払いのキャンセル料を旅行業者等に返金を求めることが可能である（観光庁事務連絡令和3年1月7日「緊急事態宣言に伴う全国的な旅行に係るＧｏＴｏトラベル事業の取扱いについて（周知依頼）」、以下、「観光庁事務連絡」という。）。

② 国から旅行業者等の事業者に支援されるキャンセル料の金額は旅行代金の三五％に相当する額（上限は一万四〇〇〇円＝ＧｏＴｏの補助額）（観光庁事務連絡）。

③ 国から支援されるキャンセル料の金額は旅行業者等の事業者が申請をし、か

つ、その配分を旅行業者等が行う（ＧｏＴｏトラベル事務局令和3年1月6日付け「一時停止等の措置に係る旅行取消による取消料対応取扱要領」一五～一六頁）。

イ　超過キャンセル料の旅行業者への負荷

上記の①から③をまとめると次のような事態を生じさせる。

旅行者は無料でキャンセルすることが可能である一方で、一万四〇〇〇円以上のキャンセル料が発生した場合、国からのキャンセル料の支援はないということである。

では、超過キャンセル料が生じた場合どうなるか。

旅行者がキャンセル料を負担するのであれば旅行業者等に負担はない。

しかし、観光庁は「無料でキャンセルを行うことができる」と旅行業者に連絡しているため、旅行業者もその事務連絡と称する命令に従わざるを得ない。

その結果、旅行業者が旅館業者や旅客運送業者との間で超過キャンセル料の負担について交渉せざるを得ない立場に追い込まれている。

そして、多くの旅行業者は、旅館業者や旅客運送業者との関係悪化を忌避して超過キャンセル料の全額を負担している状況である。

ウ　キャンセル料の申請事務による過重の事務負担

国から支援されるキャンセル料は、旅行サービスを提供した旅行業者や旅館業者（以下、「旅行業者等」という。）が申請し、支援金を受領後に、関連業者に配分することになる。

そのため、旅行業者等は、申請事務をすべて行うことになる。

申請事務では、旅行者からキャンセルを受けた旅行をリスト化し、それに付随する旅行契約書や行程表等の旅行契約関連書類やキャンセル料の記録等の書類を提出することが求められており、旅行業者等が書類の提出・用意を行わなければならない。加えて個人情報が記載されている部分は旅行業者等の方で黒塗り処理をすることも求められている（取扱要領二四頁）。

キャンセル料の申請他の前の提出書類は一～二頁に留まるものではなく、一〇頁を超える。

しかも、キャンセル料の申請期限が二月十五日までと定められており、期限経過にはキャンセル料の支援も申請できないために、期間内に申請をするべく事務処理を通常業務と並行して行わざるを得ないこととなった。

これらキャンセル料の申請事務は、旅行業者等の売上を行う事務ではなく、旅行者からのキャンセルにより生じた損失を埋め合わせるための事務に過ぎず、旅行業者等の売上に貢献するものではない。

申請事務に従業員を動員しても経費ばかりかさむばかりで、旅行業者には全く利益が生じない仕組みとなっている。

エ　過重な資金負担

旅行業者は標準旅行業約款に基づき、旅行者から既払いのキャンセル料の返金を求められた場合、七日以内に返金をしなければならない（国交省告示第一五九三号「標準旅行業約款」（募集・受注十九条））。

他方で、旅行業者は、国から支援されるキャンセル料の申請事務を負わされている。

そのため、旅行業者は、旅行者から受領した旅行代金の全額を返金するとともに、旅館業者や旅客運送業者に対するキャンセル料の支払いも対応しなければならず、過重な資金負担を負わされている。

四．その他

（一）　月次支援金の対象業種からの除外

令和三年四月二十五日の緊急事態宣言発出に伴い、旅行業者が緊急事態措置実施対象地域の協力金支給対象となったために、中小企業庁から支給される四月分の月次支援金の支給対象業種から除外されることになった。

（※　協力金の補償期間は四月二十五日からの五日間のみ、そのために月次支援金による四月分全体の補償が受けられなくなった。また、協力金の金額も飲食店のような高額なものではなく休業依頼対象外業種と同額の金額）

巻末鼎談

倉山満（救国シンクタンク所長）
村松恒雄（会員、弁護士）
横山賢司（会員、弁護士）

■鼎談について

◇倉山

鼎談の最初のほうは、こちらの芦部信喜氏の『憲法　新版補訂版』（一九九九年、岩波書店）を教科書にしながら、私が国士舘大学で憲法学の教鞭を執っていたときに学生に出題していた問題を再現し、そして経済的自由権にまつわる最高裁の判例集を活用しながら、両先生と憲法について鼎談を進めていきたいと思います。

◇村松・横山

宜しくお願い致します。

◇横山

憲法の問題に関することで、ひとつ余談がありまして、平成十七（二〇〇五）年の旧司法試験憲法で出された酒類に関する問題があるのですが。問題が試験に出された当時の試験官の方が「まともに答えられる受験者がいない」と嘆いていた話があります。

問題はこちらです。

◆平成17年旧司法試験憲法第1問

〈問題文〉

酒類が致酔性・依存性を有する飲料であり，飲酒者自身の健康面に与える悪影響が大きく，酪酊者の行動が周囲の者に迷惑を及ぼすことが多いほか，種々の社会的費用（医療費の増大による公的医療保険制度への影響等）も生じることにかんがみて、次の内容の法律が制定されたとする。

1　飲食店で客に酒類を提供するには、都道府県知事から酒類提供免許を取得することを要する。酪酊者（アルコールの影響により正常な行為ができないおそれのある状態にある者）に酒類を提供することは当該免許の取消事由となる。

2　道路、公園、駅その他の公共の場所において管理者の許可なく飲酒することを禁止し、これに違反した者は拘留又は科料に処する。

この法律に含まれる憲法上の問題点について論ぜよ。

◇倉山

まず、酒類が人体に与える影響が社会的に問題であるという科学的根拠が示されていることが大前提として必要ですね。つまり、飲酒はいままで問題がないとされてきたが、実は問題があるという科学的根拠があれば、酒類提供を禁止することに合理性があると言えます。科学的根拠がない状態で「飲酒は危険」と酒類提供を禁止されたら不合理となります。

さらに、適正な手段における比例原則が必要で補償もなければいけない。

警察目的の場合は補償を支払う必要がないという理屈が成り立ちますが、その場合は警察目的ですので、最小限度の規制でなければいけない。

解答としては、このような感じでしょうか。飲酒禁止のためには科学的根拠が必要であり、禁止する場合は比例原則を守り、補償も必要である。「近藤四条件」に似ていますね。

【比例原則】

達成されるべき目的とそのために取られる手段としての権利・利益の制約との間に均衡を要求する原則

【警察目的規制・消極目的規制】

国民の安全を守るための必要最小限の規制〈例：食中毒を発生させた飲食店に対して、食中毒防止の環境を整えるまで営業自粛をさせる〉

◇横山

そうですね。憲法学の理屈を知っていれば答えられる問題と言えます。

■「職業選択の自由」について

◇倉山

では、ここからは改めて『憲法　新版補訂版』（一九九九年、岩波書店）を教科書として鼎談を進行していきます。目次を見てみると第一部は総論で、憲法とはどのようなものか、日本の憲法の歴史についてなどが書かれています。他には国民主権、平和主義と書かれていますが、これから話していきたい部分は、第二部の基本的人権についてです。
ですが、基本的人権については本編で「一九世紀的人権」「二〇世紀的人権」という話を書いていますので、第二部第一〇章の経済的自由権について話していきたいと思います。

日本国憲法第二十二条
一　何人も、公共の福祉に反しない限り、居住、移転及び職業選択の自由を有する。
二　何人も、外国に移住し、又は国籍を離脱する自由を侵されない。

◇倉山
この条文を帝国憲法第二十二条と比べてみます。

帝国憲法第二十二条
日本臣民ハ法律ノ範囲内ニ於テ居住及移転ノ自由ヲ有ス

日本国憲法第二十二条のほうには「二項　何人も、外国に移住し、又は国籍を離脱する自由を侵されない。」が書かれていますが、今回の鼎談では取り扱いません。

日本国憲法と帝国憲法を比べてみると、どちらも第二十二条です。つまり、日本国憲法第二十二条は、帝国憲法第二十二条の改正条文ということです。そして、条文の違いとしては「法律ノ範囲内」が「公共の福祉に反しない限り」になった部分です。

この条文の変化を「戦前の国会は衆議院も貴族院も政府の言いなりになって、好き勝手に国民の権利を侵害していた。だから日本国憲法では、その反省として条文の一部が変えられたんです！」という考え方の人がいる（笑）。

いわゆる「法律の留保」と呼ばれる部分です。「国民の代表である国会議員が、国会を無視して法律を作成し、国民の権利を侵害してはいけない」という趣旨です。

ですが戦前、戦中にかけては本編でも触れましたが、戦時体制に入ると議会が翼賛化して、法律ではなく政府の勅令によって国民の権利を侵害したのは事実です。ただ、昭和十二（一九三七）年、十三（一九三八）年辺りからの日本で語られては困ります。

【法律の留保】

行政権の行使は法律に基づかなければならないという原理

第二十二条の「公共の福祉に反しない限り」の部分で憲法裁判が三十年代から行われてきましたが、三十年代の判例を見ていくと裁判で片っ端から門前払いを受けていました。そこで、三十年代までの宮沢俊儀の憲法学では対応できないため、芦部信喜の憲法学が四十年代から主流になっていきます。これが憲法学の流れでもあります。

そのような憲法学の流れは押さえつつ、第二十二条でポイントとなる部分は「移転及び職業選択の自由を有する」です。「職業選択の自由」という部分は日本国憲法で追加されたのですが、帝国憲法の通説では、帝国憲法第二十二条の「居住及移転ノ自由」の部分に「職業選択の自由」が含まれています。この通説に関して争いはありません。

◇横山

そうですね。『憲法義解』にも書いてあります。

（中略）定住し、借住し、寄留し、及営業するの自由あらしめたり。

（伊藤博文著、宮沢俊儀校註『憲法義解』岩波文庫、一九四〇年、五十二頁）

◇倉山

移転の自由に含まれるという解釈ですね。営業だけではなく職業選択の自由を有するということです。日本国憲法第二十二条は、それらを明確に繁文憲法にしたものです。ちなみに、私が国士舘大学で体育学部の学生にこのような問題を出したことがあります。

問題

プロ野球におけるドラフト制度は憲法学的に合憲か。

正解

合憲である。

◇倉山

つまり、自分で行きたい球団を選択する権利はないが「プロ野球選手」になる権利は妨げられていないため合憲である。という問題でした。実際にこのような解釈は通説になっています。この通説に逆らうと読売新聞（読売ジャイアンツ）からの仕事がなくなります（笑）。

◇横山
ドラフト制度についての憲法訴訟があったら面白そうですね。

◇村松
行きたい球団は選べないんですよね。例えば、総合商社数社が協定を結んで、新卒採用はドラフト指名で行うことは許されるのでしょうか。何かおかしな感じがしますね。でも、球団は一部の球団が能力の高い選手を独占してしまうと、リーグ自体が面白くなくなり、業界自体が衰退してしまうため、職業選択の自由に対する合理的な制限ということになりますでしょうか。

◇横山
どういう理屈なのだろうか。球団側には会社、企業として採用の自由があるわけですが。球団同士がカルテルを組んで選手を採用しないとかは果たして、「営業の自由」の範囲内で合憲なのだろうか。

◇倉山

読売新聞はドラフト制度に反対だから「逆指名制度」と「FA（フリー・エージェント）制度」を導入したんですよね。

■二重の基準（ダブルスタンダード）

◇倉山

ここから鼎談の本題に入っていきます。最初は「二重の基準（ダブルスタンダード）」ですが、本題に入る前に「人権制約」の話に触れておきます。いわゆる「内在的制約説」のことです。

まず、「人権は無制限か」と言われるとそうではありません。何故ならば、他人の権利を侵害する自由を認めてしまうと、最も不自由になってしまうためです。だから自由はどこかで制限をかけなければいけない。by．ジャン＝ジャック・ルソールソーが数少ないまともなことを言った（笑）。これがいわゆる「内在的制約説」です。

これを芦部信喜は、「人権相互の矛盾衝突を調整する実質的公平な原理」として、権利ではなく、原理として存在しているものであり、それは憲法が規定する前から内在している。というのが「内在的制約説」だと説明している。

芦部信喜はアメリカの裁判所の判例を輸入しているのが多いようです。

◇横山

芦部信喜は、もともとアメリカの研究者ですよね。

二重の基準から話はそれますが、政教分離の審査基準の「レモンテスト」も輸入ですね。

【レモンテスト】アメリカ連邦最高裁が示した裁判の基準

政府の行為は、適法で世俗的な目的を持つものでなければならない。

政府の行為は、その主たる効果が宗教を助長または抑制するものであってはならない。

政府の行為は、政府と宗教との「過度の関わり合い」をもたらすものであってはならない。

◇倉山

レモンテストは、アメリカの法学者にとって恥ずかしいぐらい曖昧な基準と言われています。「これ、基準じゃないだろ」と。

◇村松

ロースクール時代に憲法学の授業で、津地鎮祭事件をはじめ、憲法第二十条関係の判例を読みながら、レモンテストを勉強したんですけど「これは基準になっていないのでは?」と話題になりました。結局のところ、教室中にどんよりとした空気が滞留して授業が終わった記憶があります。

◇倉山

日本国憲法第二十条の専門家も、宗教の知識が結構ないのです。宗教がどういうものか分かっていない人が多くて、そのような専門家から「レモンテスト」について授業を受けても分からなくなる。アメリカ人は何だかんだ言ってもキリスト教があるので宗教は分かっています。宗教の理解すらない日本人が「レモンテスト」を教えようとしても訳が分からなくなる。ちなみに私は大学の授業で、「レモンテスト」いわゆる「目的効果基準」のことを、授業で学生に教えるとき「極端なことをやらなければ良い」という解説をしていました。

さて、本題の人権制約の合憲性基準に話を戻すと、なぜ二重の基準（ダブルスタンダード）と呼ばれるのか。判決を出すときの人権の基準が「一九世紀的人権」と「二〇世紀的人権」に分かれているためです。

「一九世紀的人権」内心の自由の問題は、精神的自由権であるから法律が違憲・違法でないか、裁判所は厳格に審査すべきであると。

「二〇世紀的人権」に当てはまる経済的自由権は、損得の問題であるので「合憲性推定原則」で判断していいだろうと。

【合憲性推定原則】

国会が審査をした法律であるから合憲であると推定する原則

ここでぶっちゃけます。アメリカの連邦最高裁判所は仕事がありすぎて忙しい。どう取り繕っても、これは事実です。経済的自由権に関するものは、最高裁が合憲か違憲かによって何百億、何千億の金が動くことになるし、そんな判断をいちいち持ち込まないでほしい。そこで、民主的に選ばれた国会が作ったのだから一応合憲という原則にするからね、という基準にしました。

そんな基準を五年に一回しか判決を出さない日本の最高裁に持ち込んでいるのです。ちなみに、日本の最高裁では「二〇世紀的人権」である経済的自由権では違憲判決が多い。まとめると、精神的自由権は厳格に審査、経済的自由権は合憲性推定原則に基づいて最高裁は憲法判断する。合憲性推定原則とは、国会の判断には合理性があるという前提です。ただし実態としては、政府提出法案は内閣法制局の審査を通っているので信頼性が高いけれども、議員立法はこの限りではない。これが実態です。

立法目的と達成するための手段に合理性があれば合憲。冒頭の禁酒法も同様です。経済的自由権は内在的制約だけではなく政策的制約がある。制約というより、むしろ政策で好き勝手にしていいとも読めますが、これを「明白性の原則」と言って、弱者保護の積極的目的の場合は立法府に広い裁量権があるというのが芦部信喜とその弟子筋の「四人組」こと野中俊彦・高橋和之・高見勝利・中村睦男の考え方です。現在の政府による新型コロナウイルス感染症対策もこの考えにもとづいています。

【明白性の原則】

法律が著しく不合理であることが明白でない限り合憲とする審査基準

立法府に広い裁量が認められているけれども、立法府が白紙委任したら国家総動員法になるという。

でも、新型コロナウイルス感染症対策で神社のお祭りが制約されているのは精神的自由権の制約なので、訴えたら厳格審査になりますよね。

◇横山

宗教行事の制約と見なすなら、そういう話になりますね。

◇村松

神社のお祭りとか例大祭が神道において、単に儀礼的、地域社会の習俗的なものではなく、どれだけ宗教上の核心的な儀式にあたるのかというところですね。

◇倉山
神社の例大祭とか、お寺の法事ですね。

◇横山
お寺の法事で祖先を祭るという宗教的意義を考えるなら、かなり意義は高いという言い方ができますよね。

◇倉山
私もお寺の法事が予定されているのですが、もし「政府の新型コロナウイルス感染症対策に従って、関係者全員を呼んでの法事を開けないのは憲法違反か?」と訴えたらどうなるのでしょうね。芦部信喜の説に従えば、「目的と手段に合理性がなければ違憲」となりますね。当たり前と言えば当たり前ですけど。

◇横山

政府の要請に従って「ウチでは法事を開けません」というお寺に対して、「法事をやらせてくれないのは信教の自由に違反するではないか」と言った場合にどうなるのか、という話になりかねません。

◇倉山

逆に政府が国会で「死んだ父親の法事に関係者全員を呼ぶことに罰則をつける」という法律をつくったら、第二十条に違反する可能性があります。

◇横山

コロナ特措法の建付けだと、命令段階で争うことになると思います。

◇倉山

日本国憲法第二十条は、そのような事態を全く想定していない。

ちなみに、第二十条を国士舘大学で学生に教えていたときは、「第二十条一項の前半までは帝国憲法とあまり変わりませんが、二項、三項は靖国神社を狙い撃ちした条文です」と教えていました。

日本国憲法第二十条
一　信教の自由は、何人に対してもこれを保障する。いかなる宗教団体も、国から特権を受け、又は政治上の権力を行使してはならない。
二　何人も、宗教上の行為、祝典、儀式又は行事に参加することを強制されない。
三　国及びその機関は、宗教教育その他いかなる宗教的活動もしてはならない。

「靖国神社は、国から特権を受け、又は政治上の権力を行使してはならない。」

「何人も、靖国神社の行為、祝典、儀式又は行事に参加することを強制されない。」

「国及び靖国神社は、宗教教育その他いかなる宗教的活動もしてはならない。」

と、読み替えることが出来てしまうのです（笑）。

でも、伊勢神宮には手をつけていない。そこは、占領軍であったGHQも触れるのは不味いと思った（笑）。

◇横山

さすがに伊勢神宮に対してはＧＨＱも日和ったということですか（笑）。

■最高裁判例集

「公衆浴場距離制限合憲判決」昭和三〇年一月二六日 最高裁判所大法廷：判決：棄却

◇倉山

ここからは、最高裁判例を基に鼎談を進行していきます。

これから取り上げる判例集は、日本国憲法第二十二条の「営業の自由」に合憲か違憲かの判決が出されたものになります。まず一つめの判例として、「公衆浴場距離制限合憲判決」（昭和三〇年一月二六日 最高裁判決）を見ていきましょう。

「公衆浴場として銭湯を作りたいです」という依頼が来たときに、都道府県ごとに条例で決められた距離制限を遵守しないと役所から設置許可が降りないという「公衆浴場法」があります。

公衆浴場法第二条

一　業として公衆浴場を経営しようとする者は、都道府県知事の許可を受けなければならない。

二　都道府県知事は、公衆浴場の設置の場所若しくはその構造設備が、公衆衛生上不適当であると認めるとき又はその設置の場所が配置の適正を欠くと認めるときは、前項の許可を与えないことができる。但し、この場合においては、都道府県知事は、理由を附した書面をもつて、その旨を通知しなければならない。

三　前項の設置の場所の配置の基準については、都道府県（保健所を設置する市又は特別区にあつては、市又は特別区。以下同じ。）が条例で、これを定める。

四　都道府県知事は、第二項の規定の趣旨にかんがみて必要があると認めるときは、第一項の許可に必要な条件を附することができる。

この裁判では、「公衆浴場法」で公衆浴場の設置位置が制限されているのは「日本国憲法第二十二条の〈営業の自由〉に違反するのではないか」という裁判でした。昭和三十

（一九五五）年の判例と平成元（一九八九）年の二回行われますが、どちらも合憲判決で訴えは棄却されています。[1・2]

昭和三十年に出された判例では、「必要欠くべからざるので規制をしている」という理由で合憲になっています。平成元年の判決も「日常生活において欠くべからざるので規制をしている」という理由で合憲とされています。

裁判要旨[3]

一　公衆浴場法（昭和二五年法律第一八七号による改正後のもの）第二条第二項後段の、「公衆浴場の設置場所が配置の適正を欠くと認められる場合には、都道府県知事は公衆浴場の経営を許可しないことができる」旨の規定並びに昭和二五年福岡県条例第五四号三条の、公衆浴場の設置場所の配置の基準等を定めている規定は、いずれも職業選択の自由を保証する憲法第二二条に違反しない。

教科書では、昭和三十年判例と平成元年判例では大きく変化していて、社会は変化しているかのように言われていますが、判例を読むとあまり変わらないですね。銭湯をそんなに近くに作ってはいけないという制限は合憲です。

「小売商業調整特別措置法違反」昭和四七年一一月二二日 最高裁判所大法廷 判決：棄却

◇倉山
続いての判例は、「小売商業調整特別措置法違反」（昭和四七年一一月二二日 最高裁判決）を見ていきましょう。この判例における小売商業は、八百屋や魚屋、肉屋などの小売商を集めた小売市場のことを指しています。スーパーマーケットなどの特殊小売商ではありません。

裁判内容としては、小売商の設置場所に距離制限を設ける小売商業調整特別措置法第三条一項は「共倒れ防止」のために必要であるから合憲とされました。

小売商業調整特別措置法第三条（小売市場の許可）

一　政令で指定する市（特別区を含む。以下同じ。）の区域（以下「指定地域」という。）内の建物については、都道府県知事の許可を受けた者でなければ、小売市場（一の建物であつて、その建物内の店舗面積（小売業を営むための店舗の用に供される床面積をいう。以下同じ。）の大部分が五十平方メートル未満の店舗面積に区分され、かつ、十以上の小売商（その全部又は一部が政令で定める物品を販売する場合に限る。）の店舗の用に供されるものをいう。以下同じ。）とするため、その建物の全部又は一部をその店舗の用に供する小売商に貸し付け、又は譲り渡してはならない。[4]

裁判要旨[5]

一　国が、積極的に、国民経済の健全な発達と国民生活の安定を期し、社会経済全体の均衡のとれた調和的発展を図るため、その社会経済政策の実施の一手段として、立法により、個人の経済活動に対し、一定の規則措置を講ずることは、それが右目的達成のために必要かつ合理的な範囲にとどまる限り、憲法の禁ずるところではない。

「行政処分取消請求」昭和五〇年四月三〇日　最高裁判所大法廷　判決：破棄自判

※いわゆる「薬局距離制限事件」

◇倉山

一方、同様に設置距離制限について争った「行政処分取消請求」いわゆる「薬局距離制限事件」の判例では、薬局の設置距離制限は違憲となっています。先ほどの小売商の設置場所に距離制限を定めた法律は「競合店舗の共倒れ防止」のため合憲判決となっていますが、こちらでは「共倒れ防止」とは関係がないという判例です。

警察目的の消極規制の場合は厳格な審査が必要であるため、薬局の設置距離制限を定めた薬事法は「違憲」であるという判例ですね。同じように店舗の設置距離の制限を定めた法律で「公衆浴場」と「小売市場」に関する法律は合憲で、「薬局」に関する薬事法は違憲であるということです。同じ距離制限を定めた法律で違憲と合憲に判決が別れています。意味がわかりません。どう解釈をすれば良いのでしょうか。

教科書には、「薬事法で定める設置距離制限は警察目的であるから判決が違う」というふうに書かれています。警察目的だから判決が違う理由が分からないのです。

裁判要旨▼6

薬事法六条二項、四項（これらを準用する同法二六条二項）は、憲法二二条一項に違反する。

◇村松

「不良医薬品の供給の防止の目的に直結する事項であり、比較的容易にその必要性と合理性を肯定しうるものである」と判決文に書かれていますが、不良医薬品の供給の防止という目的と設置距離制限とは合理的関係がないということなのでしょうか。よくわかりませんね。

◇倉山

ちなみに、これは裁判官が全員一致して違憲判決を下していますね。

◇横山

全員一致の違憲判決で補足意見もついていないのは凄いですね。

◇村松

判決文には「医薬品の乱売やその乱用の主要原因は、医薬品の過剰生産と販売合戦、これに随伴する誇大な広告等にあり、一般消費者に対する直接販売の段階における競争激化はむしろその従たる原因にすぎず、特に右」要するに小売段階での「競争激化のみに基づく乱用助長の危険は比較的軽少にすぎないと考えるのが、合理的である。」と書いてありますね。本当かな。そんなことないと思いますけど。もっともらしいことは書かれていますが、読んでも説得はされませんね。

◇倉山

この判例をおかしいと言う憲法学者は一人もいないのですよ。もっともらしいことは書かれているが全く説得されない判例なんですが。立法府の裁量は尊重するが、薬事法は許されなかったと見るべきか。

判例の結論部分に「薬局の開設等の許可基準の一つとして地域的制限を定めた薬事法六条二項、四項（これらを準用する同法二六条二項）は、不良医薬品の供給の防止等の目的のために必要かつ合理的な規制を定めたものということができないから、憲法二十二条一項に違反し、無効である。」と書いてありますが、読みようによっては合憲とも判断できますよね。

だから結局、国民の健康と薬事法の規制は直接の関係がないから「違憲」であった、

「営業の自由を侵害している」という判決ですね。

それを言うのならば、新型コロナウイルス感染症対策において「規制はコロナ対策と関係がないから違憲」という理屈も成り立ちますよね。

いわゆる「薬局距離制限事件」の判決が違憲であるのならば、コロナ対策のなかで科学的根拠がないものは違憲であるという理屈になります。薬事法が違憲ならば、新型コロナ対策特措法も小池都知事の要請や命令も片っ端から違憲ですよね。いわゆる「薬局距離制限事件」の違憲判決は、いままでは世紀に名を残すトンデモ判決だと思っていましたけれども。

◇横山

近藤正春内閣法制局長官が、新型コロナウイルス対策特措法に関して国会で「近藤四条件」を答弁していましたが、そこで「科学的根拠」と言っていたのは、この判例から来ているのかも知れませんね。

■日本国憲法第二十九条「財産権」について

◇倉山

ここからは、日本国憲法第二十九条について話していきます。まずは、私が国士舘大学の学生に出していた問題は「個人の財産権が制約を受けるのは、どのような場合か」という内容でした。

日本国憲法第二十九条
一　財産権は、これを侵してはならない。
二　財産権の内容は、公共の福祉に適合するやうに、法律でこれを定める。
三　私有財産は、正当な補償の下に、これを公共のために用ひることができる。

第二十九条の一項は「財産権の不可侵」、二項は「財産権の制約条件」、三項は「補償の必要性」という内容です。帝国憲法第二十七条と比べてみると、一項は現代語訳しただけです。

大日本帝国憲法第二十七条

一　日本臣民ハ其ノ所有権ヲ侵サルルコトナシ
二　公益ノ為必要ナル処分ハ法律ノ定ムル所ニ依ル

帝国憲法第二十七条二項を読んで、「帝国憲法には〈法律の留保〉と言うものがあってですね。好き勝手に国民の財産を取り上げることが出来た暗黒の憲法なのです！」「日本国憲法では、その反省に立って、第二十九条二項に〈公共の福祉に適合するように〉と、法律だけではダメで、公共の福祉に適合するようにという条件をつけて、さらに三項で〈正当な補償〉まで明記している、素晴らしい民主的な憲法なのです！」と言う憲法学者がいます（笑）。

確かに条文だけならば日本国憲法第二十九条は立派なものです。ですが、運用はさておき。そこで出て来るのが、昭和六十二（一九八七）年に出された「共有物分割等」判決、いわゆる「森林法違憲判決」です。

「共有物分割等」昭和六二年四月二二日　最高裁判所大法廷　判決：破棄差戻
※いわゆる「森林法違憲判決」

◇倉山

この判例は、XさんとYさんという兄弟が、父親が保有する森林を分割取得する権利を保有していたが、財産分与をするときに、森林法第一八六条（現在は削除済み）の「森林の細分化を防止することによつて森林経営の安定を図り、ひいては森林の保続培養と森林の生産力の増進を図り、もつて国民経済の発展に資する」という立法目的に違反するとされて「憲法第二十九条の財産権に違反する法律ではないか」と訴えたら、この法律は違憲であると判決されたという内容です。

裁判要旨▼7

一　森林法一八六条本文は、憲法二九条二項に違反する。

二　民法二五八条により共有物の現物分割をする場合には、その一態様として、持分の価格を超える現物を取得する共有者に当該超過分の対価を支払わせて過不足を調整することも許される。

三　数か所に分かれて存在する多数の共有不動産について、民法二五八条により現物分割をする場合には、これらを一括して分割の対象とし、分割後のそれぞれの不動産を各共有者の単独所有とすることも許される。
四　多数の者が共有する物を民法二五八条により現物分割する場合には、分割請求者の持分の限度で現物を分割し、その余は他の者の共有として残す方法によることも許される。
（※一につき補足意見、意見及び反対意見、二、四につき補足意見がある。）

私は、これはこれで良い判決だと思うのですよ。もっとも、「森林法」に違憲判決を出すのならば、他にも違憲判決を出せば良いと思う法律が多くあると思うのですけれども。

◇横山
「ただちに細分化を来すものとは言えない」というふうなことは言っているのですね。手段がそもそも目的達成のための合理性がないのではないか、という見方をしています。珍しくまともに判断したと言えるのでしょうか。
ちょうど、裁判が始まっているのが昭和五十三（一九七八）年からで、最終的には最高裁が昭和六十二（一九八七）年なので、多分この時、もう日本の林業はメタメタになっていたから、そこまでしないという話だったのでは。

◇倉山

分割されると困るという政策目的が先に立っていて、その矛盾がまさにちょうどぶつかったという。最高裁が本来の仕事をした、史上二例目の法令違憲判決ですよね。

森林法は昭和二十六（一九五一）年に成立しており、昭和二十七（一九五二）年に内閣法制局が設立される前に出来た法律です。内閣法制局が審査をしていない法律であったために、単純に政策目的で法律を作ったら矛盾が発生して、違憲判決に至ったのですね。

「ため池の保全に関する条例違反」昭和三八年六月二六日 最高裁判所大法廷 判決：破棄差戻

※いわゆる「奈良県ため池条例事件」

◇倉山

続いて「奈良県ため池条例事件」も財産権についての事件です。この事件は、ため池の周辺で耕作をしていたら罰せられて、「このような罰則を定めた条例そのものが違憲だ」

という理由で裁判に訴えたら、「災害を防ぐ目的の条例だから合憲」という判決を出された事件ですね。

◇横山

「財産権の内容として、ため池周辺での耕作する権利はそもそも認めることは出来ない」と言い切ったのが特徴です。

◇倉山

条例が施行されたあとも耕作を続けていたという理由もあるようですが、本当に公共の福祉に反する場合は財産を取り上げても正当であるという判例なのです。

裁判要旨▼8

奈良県ため池の保全に関する条例（昭和二九年奈良県条例第三八号）第四条第二号、第九条は、憲法第二九条第二項、第三項に違反しない。

■正当な補償とは

◇倉山

では、「正当な補償とは何か」について話していきたいと思います。

補償には「完全補償説」と「相当補償説」というものがあります。

たとえば、国士舘大学で私は「合理的に算出された相当な額であれば市場価格を下回っても許されるか」というような問題を出していました。

憲法学の通説としては、「農地改革のように社会全体の利益になるのならば補償は不要であり、全額補償でなくても構わない」とされています。また、「誰もが服さなければならない事項には補償は不要である。たとえば、建築基準法の高さ制限とか、都市計画法の用途地域規制とかである」これらが通説です。

「河川地附近地制限令違反事件」昭和四三年一一月二七日 最高裁判所大法廷 判決：棄却

◇倉山

そして今度は、「河川地附近地制限令事件」を見ていきましょう。この判例では、条例によって砂利の採取が禁止されてしまったため損失を被ったが、条例の中に補償に関する規定が書かれていなかった。そのために憲法第二十九条三項を直接根拠に損害賠償請求を行ったら勝訴したという判例です。

裁判要旨▼9

一　河川附近地制限令第四条第二号、第一〇条は、憲法第二九条第三項に違反しない。
二　財産上の犠牲が単に一般的に当然に受認すべきものとされる制限の範囲をこえ、特別の犠牲を課したものである場合には、これについて損失補償に関する規定がなくても、直接憲法第二九条第三項を根拠にして、補償請求をする余地がないではない。

他の条文は憲法の条文を使用して裁判で直接請求するなと言われることが多いのですが、第二十九条だけは裁判で直接請求ができてしまうのですよね。私には理由がよくわかりません。大学の授業では正直にそう言っていました（笑）。
コロナ法令に関してですが、第二十九条三項を用いれば直接請求できるものが多いですよね。たとえば、グローバルダイニング社もこれでできますよね。「第二十九条三項を根拠に一円の賠償を請求する！」という裁判です。

ちなみに、国士舘大学では「財産権」に関してこのような問題を出していました。

問題

憲法二十九条三項は私有財産を公共のために用いる場合の正当な補償を規定している。だから常に全額補償でなければならない。占領軍が農地改革の名目で地主の土地を半値で取り上げた時、日本の裁判所は政府に差額分の補償を命じたので没落した地主はいなかった。

「正解は×！」という問題を出していました（笑）。

◇横山

なるほど（笑）。

「酒類販売業免許拒否処分取消」平成四年一二月一五日 最高裁判所第三小法廷 判決：棄却

※いわゆる「酒税法事件」

◇倉山

「酒税法事件」についても触れていきましょう。

◇横山

いきなり、凄いものが判例に書かれていますね。園部逸夫裁判官の補足意見の部分です。端的に言うと、酒類販売の免許制は酒税を捕捉するために必要であるという話なのですが、園部裁判官が余すことなく本音をばらしています。

「私は、酒類販売業の許可制について、大蔵省の管轄の下に財政目的の見地からこれを維持するには、酒税の国税としての重要性が極めて高いこと及び酒税の確実な徴収の方法として酒類販売業の許可制が必要かつ合理的な規制であることが前提とされなければならないと考える」と書かれていて、少し飛ばして「立法政策に関与する大蔵省及び立法府の良識ある専門技術的裁量が行使されるべきであると考える。」と書かれています。

◇倉山

この補足意見は、単に事実を言っているだけで法律ではないですよね。本来の補足意見としては、法律的に問題ないかが書かれていないと（笑）。

◇村松

この判例の事実関係は、酒販業を営もうとする人が酒類販売の免許申請をしたけれども、酒税法一〇条一〇号の免許基準「酒類の製造免許又は酒類の販売業免許の申請者が破産手続開始の決定を受けて復権を得ていない場合その他その経営の基礎が薄弱であると認められる場合」に該当するとの理由で、免許申請が許可されなかったというものですね。

裁判要旨▼10

酒税法九条、一〇条一〇号は、憲法二二条一項に違反しない。

（補足意見及び反対意見がある。）

◇倉山

そもそも、この規定自体が「営業の自由」の侵害にならないですか？

このような事例を考えていくと無駄な規制が多すぎると感じます。酒販免許の申請が断られる理由が「経済の基礎が薄弱」というのは余計なお世話じゃないですか（笑）。

◇村松

まさに、上告理由は、「酒販業者のすべてを『健全』にしてやろうなどというのは、俗にいう大きなお世話というものである」と喝破していますね。また、「経済の基礎が薄弱」だと酒税を納めないと考えられているのでしょうか。そう考えると、どんな商売であれ、経済の基礎が薄弱な事業者は消費税を滞納する可能性があるから事業を許可しないという結論が導かれてしまうおそれがあります。いくら歴史的に酒税が重要な財源であったことや、税務署による密造酒摘発の凄惨な歴史があったとはいえ、判決当時において酒税だけ特別視する理由はないですよね。上告理由でも、このような問題は他の間接税に共通するものと主張されています。

◇倉山

園部裁判官は、何故このような補足意見を書いたのだろう。大蔵省に喧嘩を売りたくなかったからでしょうか。しかも、「立法政策に関与する大蔵省」と書かれていますが、これでは大蔵省が立法するという意味ですよ（笑）。

◇村松
そうですよね。建前論で通すのなら「立法府の良識ある」で十分なはず。

◇倉山
さらに判例を読むと「いわゆる警察的・消極的規制ともその性格を異にする面があり、また、いわゆる社会政策・経済政策的な積極的規制とも異なると考える」と、新たに第三カテゴリーが設定されていますね。大蔵省の縄張りです（笑）。

◇横山
消極的規制も積極的規制にも当てはまらない大蔵省の縄張りだから合憲ということですか（笑）。

◇倉山

園部裁判官の補足意見の凄いところは、立法府よりも前に大蔵省が書かれていることですね。「立法政策に関与する大蔵省及び立法府」と書かれてます。こんなに本音を言った裁判官はじめてみましたよ。大蔵省の下に立法府があり、裁判所も逆らえない（笑）。

◇村松

消極的規制、積極的規制に次ぐ「財政目的規制」（笑）。読めば読むほど味が出て来る判例。（一同爆笑）

◇倉山

園部裁判官以外は建前論を述べているのに、一人だけ本音を述べています。正直で宜しい（笑）。

◇横山

大蔵省には逆らいません（笑）。

■「法治主義」と「法の支配」

◇村松

あまり「出羽守」をやりたくはないのですが、コロナ禍のドイツの裁判所では、ドイツ政府のコロナ対策に対して、多数の訴訟が提起されているようです。日本よりもドイツのコロナ対策は厳しいため、憲法裁判所に政府のコロナ対策が違憲であると訴訟が大量にきているようです。判決で規制の内容が違法であるとされ、規制が変更された例もあるようです。これに対して、日本は「お願い」や「要請」、行政指導でなんとかしてしまっていて、そもそも裁判で救済を受けるルートが非常に限定されていることが問題であると。また、仮に法令で定めたとしても、日本の裁判所は実効的な救済を提供できないのではないかとの問題提起をされています。これらの情報は、横田明美さんという千葉大学大学院社会科学研究院准教授（行政法、環境法、情報法）の方のSNS発信で収集しました。

◇倉山

こちらの記事の方ですね。

現代ビジネス　二〇二一年七月二十二日
横田明美「ドイツで政策を見て痛感…日本政府が「法治主義」を軽視しすぎという大問題」
https://gendai.ismedia.jp/articles/-/85384?imp=0

◇村松
そちらの記事は現代ビジネスの記者の方が横田さんにインタビューをして書いた記事です。横田さん自身が書いた記事ではないので参考程度でお願いします。

◇倉山
西村大臣が問題発言をしたとき（令和三年七月八日）のインタビュー記事ですね。「日本政府が法治主義を軽視」その通りですね。

◇横山
「法治主義」と似た用語に「法の支配」がありますが、一般的に違いを正確に理解している方は少ないかと思います。

◇村松
私は、「法治主義」は法律で決めたことはしっかりと守ること。ですが、それだと「悪法も法なり」になってしまうので、「法の支配」は法律の内容の公正性を要求している概念だと理解しています。

◇横山
私も似たような理解をしています。今回のコロナ禍はどちらかと言うと「法治主義」の話かと思います。

◇倉山
「法治主義」と「法の支配」のどちらの意味で考えても西村大臣の問題発言はダメですよね。論外。西村大臣が大臣辞職せずに続けていることが信じられません。

ところで「法治主義」≠「法の支配」という書き方で良いですかね。

◇横山
建前として多いのは「法の支配」の中に「法治主義」が入っているという考え方ですね。

■「なぜ、飲食業だけ狙い撃ちにされるのか」～憲法の観点からの考察～

◇倉山
「なぜ、飲食業だけ狙い撃ちにされるのか」を憲法の観点から二人で考察をしていきます。

まず、飲食業が自粛をしなければいけない根拠は、近藤正春内閣法制局長官が国会で答弁した「近藤四条件」です。そして、飲食業の自粛が新型コロナ感染症対策に効果があるという科学的根拠があるという前提で話を進めていきます。科学的根拠がなければ論外になってしまい、法律論の話ができないためです。

◇横山
西村コロナ対策担当大臣がTwitterで、「飲食店でクラスターが発生しているエビデンスを示せ」と追及された際に今年一月八日の分科会で押谷仁東北大教授が提出したデータを持って来て反論していたことがあります。[11]

◇倉山

そのデータは証拠であっても論拠ではないですよね。科学的根拠があることは大前提として、生データだけでは何も証明をしていない、これは大事なポイントです。西村大臣が生データを持って来ても、そのデータが証拠として成立する証明をしているのかが重要です。

たとえば、「イギリスでは飲食業がクラスターの発生源になっています」というデータは、「他のデータからの批判に耐えられるのか?」という話です。

◇横山

「証拠」というのは「何かの事実を証明するもの」です。

ですので、たとえば新型コロナウイルスの感染拡大を防止する目的で飲食業に営業自粛をさせるという西村大臣の主張に対して、上記の押谷教授の資料から令和二(二〇二〇)年十二月以降、令和三(二〇二一)年一月八日までに発生したクラスターのうち飲食店で発生したものは全体の一九%を占めるという事実が証明されても、すべての飲食店の営業がクラスターを発生させて、感染者を爆発的に増やし死者が増えるという直接的な証明にはなり得ません。

押谷教授の資料のとおり、飲食店が全体のクラスター発生件数のうち一九%を占めており、飲食店の営業が感染者の爆発的な増加につながるという相関関係がありそうに見えます。

しかし、押谷教授の資料は、「令和2年12月以降に報告があったクラスター人数が5人以上のものを抽出。」としているように調査期間が一月強と短く、調査方法も「報道情報に基づくクラスターの情報をデータベース化したものを使用」としており、飲食店の特性や感染対策の状況等の情報が反映されているか疑問の余地があり、飲食店の営業以外の要因でクラスターを発生させている可能性も否定できないと思われます。

つまり、押谷教授の資料は、飲食店の営業から感染者を爆発的な増加させるという主張を証明する資料として反証に耐えうるものであるか、疑問があると言えるのです。だから、押谷教授の資料は感染者を爆発的に増やし死者が増えることを直接証明しているとはいいがたいのです。

「生データが論拠になるわけではない」というのは、データがあるから直ちに自ら主張する事実や命題の存在を証明することになるわけではないということです。データが自ら主張する事実や命題の存在を証明することができるかどうか、その力があるかどうかを吟味することが重要なのです。

◇倉山

つまり、そこにロジックがあるかどうかが大切。

「海外でコロナ感染による死者が増えています」という主張に対して「それは外国のデータですよね」という批判をされたら、事実を証明しなければいけないのです。主張している人が医者だから、専門家だから従え、というのではなく「証拠」が証拠として批判に耐えうるかというロジックを証明しなければいけない。

西浦博北海道大学教授が数式を示して「この数字のようになります」というのは何の証明にもならないのもそうです。政府の中でしっかりと検証がなされているのか。繰り返しますが、データを示し結論だけ言っても、それは何の証明にもなっていない。そのデータがエビデンスとして成立、主張が成立するロジックが無ければ、証明ではない。だから、

「専門家のエビデンス」なるものを示しても、国民の行動を制限し人権を制約するには科学的事実ではない。この時点で違憲であり従う必要はないと断定しても良いのですが、そこは本著の主眼ではないのでこれくらいにしておきます。

◇横山

証拠から結論に至る事実を証明しなければいけないのですが。その証拠が信用できるのか「証拠の信用性」という点も含めて検討する必要があります。

また、コロナに関してですが、倉山塾（※倉山所長の運営するオンライン塾）の塾生さんに、グローバルダイニング訴訟で東京都側が証拠として提出した「今冬の感染対策の効果の分析について」（令和3年4月8日　新型コロナウイルス感染症対策分科会▼12）という資料を見てもらい、「どのような事実なり解が導かれるか」という質問をしました。すると、数学的、統計学的な見地から人出と陽性者の増加は相関関係があるようにみえるが、その相関関係は「見せかけの相関」「多重共線性の問題」といわれる可能性もあり、かつ、ほかの要因も検討する必要があるので、人出が陽性者を増やすという解答は少し結論がありきではないかと思うという返事をいただきました。

つまり、分科会の提出するデータも統計学や数学的な知見から信用できるのか検討する余地があると思われます。

【見せかけの相関】

データの見かけ上は相関関係があっても、実は関係がないもの。

【多重共線性の問題】

類似度の高い説明変数の間で回帰係数の「取り合い」のような現象が発生している状態。

◇倉山

しかも、その立証責任はすべて政府側にある。こちら側が政府の主張はおかしいという証明をする義務は全くありません。コロナ対策で例えると、政府側がコロナ対策として営業自粛が必要だという主張の立証責任を果たす必要がある。科学的根拠に基づいて。

そのように考えれば一回目の緊急事態宣言は違憲・違法と言えます。いくら安全保障上は必要な措置だと言っても二週間が限度。科学的根拠に基づいた立証責任がないためです。

◇村松

外国のデータをそのまま持ってくるのはおかしいですよね。飲食店にしてもイギリスのパブは至近距離で飲酒をしているし、音楽がうるさかったりして大きな声で話さないと会話ができない場合も多々あります。日本は距離も取った上にパーティションを挟んで飲食しているところが多いですね。データを分析する上で、どのような状況で飲食をしているのかの検証は必須だと思います。

◇倉山

外国だとトイレが終わった後に手を洗わずに食事をするなど日本と衛生観念が違う部分もありますしね。

飲食業に対して新型コロナウイルス感染症対策として、営業自粛の要請という名の命令を続けられていますが、そもそも飲食業の営業自粛が感染症対策になるという科学的根拠を政府は立証しなければいけません。一点でも疑義がある場合は政府の要請を聞く必要がありません。そもそも要請なので聞く義務はないのですが。

そして大事なのが、要請や命令を聞いた場合には、十分な補償がなされなければいけません。憲法学の用語で言うと「合理的に算出された相当な額を切ってはならない」

現実には、相当補償説の補償額すら下回っている事例が多いです。また、今の給付金などの保障でも十分に貰っていると思っている人でも、政府のコロナ対策に科学的根拠がないと思えば、営業自粛に従う必要はありません。営業自粛要請に従わずに政府から何かを言われても、過料を払うなり、裁判で訴訟を起こしたりすればいいのです。

補償額が相当補償説を下回っているなら、尚更政府の営業自粛要請を聞く必要がない。これはマスク着用に関しても同じ理屈です。

最近の救国シンクタンクではこのような主張をしています。それは「政府は民間人に自腹を切らせることに関して全く無頓着である」ということです。飲食業ではパーティションなどの感染症対策を自腹でやっていますよね。レジ袋の有料化もそうですね。「政府は民間に自腹を切らせる権利がどこにあるのか」というのは、憲法学で議論になっていませんが、警察目的であるとか手段の正当性とか色々と議論はできます。ですが、今回のコロナ禍については違憲・違法だらけなので議論の必要すらありません。

そして、飲食店が営業停止に応じる必要があるのは食中毒を発生させてしまって営業停止命令が出された場合なのですよね。店側に落ち度があるので、補償金は支払われませんし、警察目的の最小限度の営業停止命令だから合憲です。そのように考えるとコロナ禍で飲食店は営業自粛を要請されていますが、店側に落ち度はありませんよね。

■コロナ禍で官僚の暴走を止めるには

◇倉山
コロナ禍の日本では、裁判所と国会が本来の仕事をしないから官僚が暴走をしています。内閣法制局も機能していないように見えますが。

◇横山
内閣法制局は機能していないというよりは、機能させていないという方が正しいのではないでしょうか。

◇倉山
今の内閣法制局では「近藤四条件」を国会答弁で差し込むのが限界ということですかね。

戦前の陸海軍は大蔵省にこびへつらって予算獲得をしていたのに、戦時体制の「空気」の中で無尽蔵に軍事予算を請求してくるという歴史が、今の内閣法制局の状況に似ています。

◇村松
まさに「空気」ですよね。平時だと内閣法制局はどうでもいいことにも首を突っ込んできて、拒否権を遺憾なく発揮していました。今のようなコロナ禍では内閣法制局も無力になっていますね。ここで拒否権を発動せずにいつ発動するのかと思いますが、これがお役所の限界なのかなとも思います。

◇倉山
内閣法制局でも止めようがない。

◇横山
内閣法制局が機能しない環境作りがされているのかも知れません。

◇倉山

戦前の話に関係するのですが、当時の宮沢俊儀が凄いことを言っているんですよ。「今の現実を動かしているのは、一人の大蔵大臣でも、一人の陸軍大臣でもない、巨大な力であり、軍部というだけではない歴史の力であって、政府が引いても、それは変らないので、この内閣によって莫大な予算が通過し、増税がなされ、物価動機が起こるであろう」という、預言者のようなことを言っています。

宮沢俊儀は本当に頭が切れるワル。「神なき知育は知恵ある悪魔をつくることなり」という玉川学園の碑文のような人間ですよ。知の巨人ですからね。そして凄いワルでニヒリスト。

宮沢俊儀の弟子の芦部信喜はついていけなかったのでしょう。とりあえず宮沢俊儀の話はこれぐらいで。コロナ禍について何かありますか。

◇横山

やはり「近藤四条件」ですかね。これがあるのとないのでは全然違います。

◇倉山
内閣法制局長官ですら、それしかできない「狂った空気」がありますね。

◇横山
そうですね。コロナ前の憲法解釈とコロナ後の憲法解釈は、明らかに断絶しているというのが私の考え方です。特に「財産権」関係に関しては。

◇倉山
GHQの農地改革が「占領期に行われているのだから」という理由で押し通されたように、「あれはコロナ禍だから」という理由で押し通されたと言われて、後世の先例にはされないのではないでしょうか。

◇横山
その危険はありえます。現在の政府解釈では「営業の自由」や「財産権」の制約とか、必要最小限性についての話も内容が変質化しているように感じます。

◇倉山

西村大臣は近藤内閣法制局長官とは全く違う意味で「内在的制約説」を使っていますよね。

◇横山

「非常時だから何でもいい」という意味になっていますね。

◇倉山

そして、国家総動員法を改めて読み返すと背筋が凍りますよね。

◇横山

むしろ法律で定めてくれているからまだマシかも知れない。

今の日本政府に国家総動員法を作ってみろと（笑）。

◇倉山
国家総動員法はないけど、コロナ禍は同じ状況です。今のコロナ禍では政令ですらなくて知事に白紙委任ですよね。

◇横山
分科会と知事に白紙委任で、要請という名の命令というやり方ですね。

◇倉山
知事は百歩譲って選挙で選ばれているからいいけど、「分科会は何者だ?」ということです。そこの科学的検証が全くできない。

◇横山
分科会の責任を取るのは、形式的にはコロナ対策担当大臣という話でしょうね。

◇倉山

コロナ対策担当大臣は選挙で選ばれているから分科会は責任を押し付ける。本当に空襲こないだけマシですね。戦時中だったら我々懲罰徴兵ですよ。

◇横山

役人にとって「補償」が禁句という話についてですが、家畜伝染病予防法のところで感じることがありました。

家畜伝染病予防法五十八条には、家畜伝染病予防のために家畜をと殺した場合に手当金を交付する旨が定められています。

この規定について『逐条解説　家畜伝染病予防法』（家畜伝染予防法研究会編　2013年）という解説本には、「本法に基づく殺処分等の防疫措置は、・・・（中略）家畜の所有に伴う社会的責任という観点からも、これを受任せざるを得ないものと考えられる。」「本条においては、畜産経営の継続を支援するための支援金として、国が法の執行に伴い損失を受けた所有者に対して、手当金を交付することとしている。」と書かれてあり、要するに家畜のと殺は財産権の内在的制約であり、家畜伝染病予防法五十八条の手当金は憲法二十九条三項の「補償」ではなく支援金に過ぎないと言っているのです。

ところが、高辻正巳は、『自治研究第三八巻第四号』（一九六二年四月十日発行）において家畜伝染病予防法に基づく家畜のと殺は「不可抗力的に受けた災厄の伝播防止のための犠牲」なので憲法二十九条三項の「正当な補償」をすべき事例に該当するという見解を示しています。

一九六二年当時の法制局次長である高辻正巳が「家畜伝染病予防法五十八条は憲法二十九条三項の正当な補償である」と言っているのに、平成二十五（二〇一三）年の時点で農水省はそれを否定する解釈をしているのです。

では、平成二十五年以前に農水省から出されている家畜伝染病予防法の解説本はないかと探したら、昭和四十八（一九七三）年に農林省畜産局から刊行された『家畜伝染病予防法の解説』という本がありました。

その本を調べてみると、家畜伝染病予防法五十八条について内在的制約だから補償は不要だとか、憲法二十九条三項の正当な補償に基づく規定だとか何にも書いてなかったんです。

つまり、農水省は、高辻正巳の目の黒いうちは法制局の見解に逆らえないので何も言わずにおいて、ほとぼりが冷めて、高辻正巳がいなくなったタイミングの新しい家畜伝染病予防法の解説本を出して、手当金は「立法裁量です」と勝手に憲法解釈の変更を行っていたのです。

そこまでして憲法上の「補償」とされることを避けたいのか、と痛感した次第です。

◇村松

役人にとって「補償という言葉は禁句」という話に関してですが、政府が何か大きな政策変更とかを実行しようとするときに、「財産権」との関係が大丈夫かどうかは気にしている役人の姿を見たことがあります。ですので、政府が「補償」という言葉を使用しないで政策決定していますが、こんなに粗雑なやり方でいいのか疑問です。「補償金」の予算措置を求めるときに財務省主計局にいじめられるのも「補償」という言葉が禁句である理由ですかね。

◇倉山

内閣法制局の「予算措置が伴いますよ」という言葉は殺し文句なのです。しかも日常的に使っている。

◇横山

国会議員の圧力が無い状態で、各省庁の役人が主計局に話を持っていくと「そもそも、その法律や制度は必要なのか」と言われたら一貫の終わりですよね。

◇村松

政治のプレッシャーや国民世論の後押しがないと役人も戦えないのですよ。それこそ、石炭産業に対する産業調整政策なんかは、それで職を失う炭鉱夫さんに手厚い「補償」を行ったと思いますが、政治家からの凄い圧力、国民からの理解があってこそ「頑張ろう！」となれたのですよね。それぐらいの社会的圧力がないと厳しいのです。

◇倉山

内閣法制局に関する良書がありました。中村明著『戦後政治にゆれた憲法九条―内閣法制局の自信と強さ』（西海出版、一九九六年）です。どのような本かというと、平成六

（一九九四）年に村山富市内閣が出来ますよね。そのときに村山総理が「自衛隊は違憲である」と発言したら問題になるので、大出法制局長官が乗り込んでいって説得したという話ですね。

村山首相の法律顧問である大出峻郎内閣法制局長官は、憲法九条と自衛隊の関係について、政府の従来の憲法解釈を説明した際、「内閣が交代しても、憲法解釈を変更する余地はない。法律解釈とはそういうものです。政権が代わる度に、憲法解釈を変更したら、内閣法制局は組織としての信頼性を失う」と述べた。

大出長官は、首相という立場は自衛隊を運用する最高の責任者でもあり、自衛隊の出動命令は首相が行う。違憲合法論や「自衛隊は違憲だが、法的な存在だ」とする議論を持ちだしたら困る。これを持ち出せば、自衛隊廃止の努力、施策を取らないといけない。「実態において違憲だ」と言えば、自衛隊を縮小しないといけない。一九九五年度予算の付け方を激減させなければならず、この辺の議論を始めたら、連立政権は持たない――との趣旨の考えを説明、首相の理解を求めたのだ。

（中村明『戦後政治にゆれた憲法九条』西海出版、一九九六年、三〇頁）

つまり、「予算措置が伴いますよ」という言葉は法制局の武器なのです。だからこそ法制局も主計局と喧嘩をしたくはないのですよ。法制局と主計局はグルなのです。

◇横山
財務省は、一流官庁と呼ばれているからこそ、そのような考え方をお互いに判っているということですね。

◇倉山
続いて、三一頁にはこのように書かれています。

村山首相は後日、「九条解釈をめぐり内閣法制局長官と対立したら、内閣は持たない」と側近に漏らしたが、首相が衆議院本会議で、社会党の持論を述べたら、政局は大混乱となったことは間違いない。

（前掲『戦後政治にゆれた憲法九条』三一頁）

この時は、国会の自民党席が呆然としていた後に大喝采の拍手になりました。一方、社会党左派はヤジと怒号という状況です。それで、前首相の羽田孜が国会で質問に立って、「一体いつ憲法解釈を変えたのですか」と。

■おわりに

◇倉山
では、最後にご感想などありますでしょうか。

◇村松
国体としての憲法。実質的意味での憲法をしっかりと運用が出来ているのか。

憲法がしっかりと運用出来ているのかは、コロナ禍のような有事において分かるのだなと思います。コロナ禍において、立法府、行政府、裁判所、そして国民が立憲主義を維持できるのかが問われているのだと思います。憲法典にどんな美辞麗句を書いても、有事において憲法の運用がグダグダになるのであれば、大政翼賛政治の再来です。歴史を振り返ったことで「同じ失敗をしている」という考えに尽きるしかない、というのが感想です。

◇倉山

「コロナ禍で政府のコロナ対策に限界があるのは、憲法のせいだ。だから、憲法改正して緊急事態条項を追加しよう」というのは、まったく逆の議論です。日本国憲法は、これだけの欠陥憲法であるにも関わらず、国民は支那事変や大東亜戦争の時代のごとく政府に協力しています。政府（主に官僚と分科会の医者）が無能で、国家政策が上手くいっていないのに、さらに国民の自由を縛ろうとする「緊急事態条項追加」というのは逆の議論だと言えます。

◇横山

倉山先生がよく言われていた「憲法改正以外で出来ることをやらずして憲法改正議論をしても意味がない」というのが、今の「緊急事態条項」に関して当てはまりますよね。自分達が使っている憲法の運用すらまともに出来ないのに、憲法改正なんてできるのかという話ですよね。

◇倉山

自由な議論が出来なければ科学的な議論は出来ません。だから「自由を縛れ」ではなく「自由な議論」を認めるべきだし、「財産権」という自由も認めなければいけない。如何に「自由」が大事であるかを救国シンクタンク所長としては発信していきたいと思います。

おわりに

本書は、日本国憲法がコロナ禍という有事で機能しているのかを検証することを目的としている。文明国の憲法は有事のときにこそ国民の権利が不当に侵害されることを防ぐために制定されているのだが、本書を読まれて日本国憲法が国民の権利を守っていると思えただろうか。

序章では、最初に「憲法」と「憲法典」の違いについて解説をした。「憲法＝憲法典」と誤解されていることが多いのだが、憲法とは、日本国の歴史・伝統・文化のことを指しており、憲法を法典化したものが憲法典（日本国憲法）である。この認識は憲法学界においては支配的見解だ。

現実の行政は、憲法典だけでは運用できないため、憲法に従った法律が制定されて行政運営が行われている。憲法論は、政令・省令・告示・通達など、そのすべてに対して、憲法(日本国の歴史・伝統・文化)が要求する政治をしているか、運用に憲法違反がなかったのかを検証していくものである。

コロナ禍での日本政府の大まかな動きを時系列で要約しつつ振り返ることで、日本政府の様々な問題が見えてくる。中国で新型コロナウイルス感染症の感染が確認されてから遅々として、中国からの全面的な入国禁止を行わなかった日本政府の対応。ダイヤモンド・プリンセス号船内での不十分な検疫体制。国民生活を振り回す政府方針の変更。緊急事態宣言による国民の様々な権利を制限する政府の超法規的対応の数々。

このように有事における日本政府の多くの課題がコロナで明らかになった。原因としては、日本政府がコロナ対策に当たる上で「コロナ対策で国家経済を止める合理性」と「コロナはペストのように危険な伝染病なのか」という二つの論点を証明しないまま進めたためである。結果として、国民の自由は制限され、政府は国民に対する犠牲を強いたまま十分な議論もせず、違憲の疑義が残る状況となった。行政機構がしっかりと機能しているのかを監督する大臣も機能せず、大臣をチェックする議会も役割を担えていないというのが、現在の日本の状況である。

第一章は、国家運営をしていくうえで必要な憲法論議のベースとなる原理原則について提示していった。今次コロナ禍は国家運営が上手くいかない事例であるからこそ、原理原則の話は重要である。

日本国憲法は、第十一条と第九十七条の二つの条文で人権尊重を謳った憲法であるが、その人権尊重の背景は、ヨーロッパ人とアメリカ人までを含めた白人の歴史のことである。本書では、学校の教科書では教わらない人権論において大切な、一六四八年のウェストファリア条約から人権の歴史を解説した。

一六四八年のウェストファリア条約は、一三〇〇年以上にわたって宗教戦争が起こっていたヨーロッパで、心の中で自由な信仰を持っていることを理由に「殺さなければならない」という以外の価値観を生み出した。それが「内心の自由」であり、「心の中で何を考えていても、それだけで罰せられることはない」という文明人の常識が生まれ、ヨーロッパでの人権の歴史が始まった。

次いで、一六八八年、イギリスで名誉革命が起きて翌一六八九年に権利章典が制定された。

権利章典には、法律と裁判無しで刑罰を受けることが無いと明記され、「身体的自由」が認められることになる。

一七七六年のアメリカ独立宣言にて「内心の自由」や「身体的自由」を確認しつつ、「幸福追求権」が書き加えられた。この「幸福追求権」は、権力者が徴税するときは、納税者の代表が送られた議会で決められた法に則る必要があることを示している。幸福追求権は財産権のことを指していた。

そして、一七八九年のフランス人権宣言で「財産権」が明記されて、「人間は誰もが、誰の財産でもない」という、どんな人間にも財産を持つ権利があることが表明された。財産権は基本的人権に含まれるという意味である。

人権が当たり前の権利ではなかったヨーロッパでは、このような歴史を経て人権が確立していく。憲法学の授業では、ここまでの人権を「一九世紀的人権」と呼び、人ではなかったものを人として認める人権であった。

それに対し「二〇世紀的人権」は、より「人らしさ」を求める人権であり、「社会権」と呼ばれている。日本国憲法第二十五条にも同様の意味が記載されているが、現在の日本政府はコロナ禍にて、自粛要請などによる経済的損失を国民に負担させている。「社会権」

の要点を一言でまとめると「人間らしく生活する権利」のことを指すのだが、日本政府が対応できているのか。憲法論として大切な問題提起である。

第二章では、有事における憲法のあり方について、一般的な憲法学において想定されている有事の定義を紹介し、大日本帝国憲法時代の有事の事例も解説した。

大日本帝国憲法では、有事の際に究極的には天皇が政府から国民を守ることになっていたが、日本国憲法では、国民は国民自身の手で守らなければならない。だからこそ、現在の憲法構造において国会は重要な機関であることを理解することが大事である。

だが、有事を想定していた帝国憲法も昭和の時代に運用を誤ってしまう。馬場財政による準軍事体制によって半永久的な増税ループが始まり、国家総動員法によって国民の自由が奪われていく。社会全体への統制が機能した要因は、法律による罰則だけではなく、社会の同調圧力の影響が大きかった。コロナ禍を契機として、緊急事態や私権制限の議論が提起されたが、昭和初期の歴史が教訓となることは多いと思われる。

文明国では、憲法危機における秩序回復の主体を想定していることを、タイ、フランス、ドイツ、イギリスを例に解説した。日本国憲法を読んでも、天皇が統治の主体ではないのは明白であるが、統治の主体を明確化する議論すら存在しない日本の現状は、大きな問題である。また、秩序回復の実力組織である軍隊を持つのか否かという議論すらままならないのも問題であると指摘した。

補償に関する議論もなおざりにされており、コロナ禍における日本政府の見解は「補償は不要」であり、「補償」の概念すら認めていない。改正特措法の憲法疑義にも触れたが、憲法論では「自粛させるから十分な補償を行う」か「自粛をさせないから補償がいらない」しかありえないにも関わらず、特措法改正案は、「自粛をさせるが十分な補償を行わない」という内容で法案が可決された。日本政府は「公用収用」と「公用制限」の違いを混同しているために、このような特措法改正案を通したのではないかという印象を受ける。

第三章では、自由は無制限ではなく、公共の福祉のために制限されるという「内在的制約説」の話から始まり、消極規制について食中毒を発生させた店を例にして説明した。食中毒の発生による営業停止命令は、理由と手段が合理的であることから補償は不要とされるが、コロナ禍の政府対応は、食中毒を出していない店に「食中毒を出すかもしれないから」と営業停止を命ずるようなものであった。「補償が不要である警察目的の消極的規制は最小限度でなければならない」とする従来の政府解釈から逸脱した補償に関する政府見解を菅内閣は出していた。

また、特措法改正案に対する近藤内閣法制局長官が示した四条件を紹介した。

近藤四条件

一、専門家の意見を事前に聴取していること
二、科学的知見に基づいていること
三、規制が必要最小限度であること
四、厳重かつ慎重な発令であること

重要なのは、法律に則って運用されていても、四条件のどれか一つでも守らなければ違憲または違法との見解が示された点であり、近藤四条件は裁判所が憲法判断をしなくても違憲判決を下せる根拠となっている。

そして、司法に憲法解釈を求めて起こされたグローバルダイニング裁判についても取り上げた。コロナ対策を徹底するためだからと、企業が主張し得る正当な理由を厳しく限定し、行政が特定企業を見せしめにするような運用が許容されるのであれば、法律で定められている意味がない。小池都知事が出した休業要請以外の酒類提供の停止や歌謡設備使用の停止要請は、コロナ対策特措法を根拠とするものではなく、田村厚労大臣が出した告示改正が基となっていた。今次コロナ禍において、戦前もかくやと思われる現象として自粛警察が生まれて、社会の大勢に従うことを強要される同調圧力などの問題を指摘した。

コロナ禍における政府の対応で、特に問題となったのは通達行政のあり方だった。

本来であれば法改正によって行われるはずのものが、「コロナ対策の緊急性」を理由に厚生労働省の通達一本で運用変更されてしまったのだ。ここでの問題は、法律で禁止していることを役所の通達一本で変更可能としているため、法律の存在や選挙の意味がなくなってしまうことであった。

第四章は、ＹｏｕＴｕｂｅ番組『チャンネルくらら』にて配信してきた救国シンクタンク活動報告番組をいくつか取り上げて掲載した。

コロナ禍における政治の現場で行われた特措法改正の議論や規制に伴う補償について、日本維新の会幹事長の馬場伸幸衆議院議員、国民民主党代表の玉木雄一郎衆議院議員との対談番組は是非、視聴していただきたい。横山弁護士との対談番組では、国民の自由が蹂躙されかねない西村経済再生担当大臣の大失言を憲法の観点から解説した。

そして、憲法論議を行う際に重要なことは、憲法の条文通りに運用出来ているかだけではなく、憲法の要求する精神に則って運用できているかが大切であることも述べた。第四章最後の横山弁護士の旅行業界に関するレポートでは、令和二年九月から十二月までに行われたＧｏＴｏキャンペーンが旅行業者の経営を圧迫した事実を明らかにしている。

巻末鼎談では、最高裁の判例を活用しながら経済的自由権にまつわる憲法論議を鼎談形式でおこなった。コロナ禍のような有事において憲法運用がしっかりできているのかを検証している。鼎談を通してあらためて、自由があるからこそ、自由な議論が認められて財産権などの自由も守られることになることを確認できた。

救国シンクタンクは今後も自由の大切さを発信していく。

注

序章

▼1　厚生労働省　報道発表資料　令和2年1月6日
「中華人民共和国湖北省武漢市における原因不明肺炎の発生について」
https://www.mhlw.go.jp/stf/newpage_08767.html

▼2　厚生労働省　報道発表資料　令和2年1月16日
「新型コロナウイルスに関連した肺炎の患者の発生について（1例目）」
https://www.mhlw.go.jp/stf/newpage_08906.html

▼3　中華人民共和国国家衛生健康委員会
http://www.nhc.gov.cn/xcs/pfzs/202002/6090ed34d8e64d038fbed94b9f957059.shtml

▼4　厚生労働省　報道発表資料
「新型コロナウイルスに関連した肺炎の患者の発生について（6例目）」
https://www.mhlw.go.jp/stf/newpage_09153.html

▼5　首相官邸　令和2年1月31日　新型コロナウイルス感染症対策本部（第3回）
https://www.kantei.go.jp/jp/98_abe/actions/202001/31corona3.html

▼6　【全文】「ものすごい悲惨な状態で、心の底から怖い」ダイヤモンド・プリンセスに乗り込んだ医師が告発動画
https://www.buzzfeed.com/jp/ryosukekamba/iwata

▼7　首相官邸　新型コロナウイルス感染症対策 専門家会議（第1回）令和2年2月16日
https://www.kantei.go.jp/jp/singi/novel_coronavirus/senmonkakaigi/gaiyou_r020216.pdf

▼8　首相官邸　新型コロナウイルス感染症対策本部幹事会（第2回）令和2年2月25日
https://www.kantei.go.jp/jp/singi/novel_coronavirus/kanjikai/sidai_r020225.pdf

▼9　令和2年2月29日　安倍内閣総理大臣記者会見
https://www.kantei.go.jp/jp/98_abe/statement/2020/0229kaiken.html

▼10　令和2年4月7日　新型コロナウイルス感染症に関する安倍内閣総理大臣記者会見
https://www.kantei.go.jp/jp/98_abe/statement/2020/0407kaiken.html

▼11　令和2年4月16日　新型コロナウイルス感染症対策本部（第29回）
https://www.kantei.go.jp/jp/98_abe/actions/202004/16corona.html

▼12　令和2年5月4日　新型コロナウイルス感染症に関する安倍内閣総理大臣記者会見
https://www.kantei.go.jp/jp/98_abe/statement/2020/0504kaiken.html

▼13　第203回国会　議院運営委員会　第12号（令和3年1月7日（木曜日））
https://www.shugiin.go.jp/internet/itdb_kaigiroku.nsf/html/kaigiroku/002020320210107012.htm#p_honbun

▼14　新型コロナウイルス感染症対策～東京都医師会が目指す今後の医療提供体制等について～・東京医師会定例記者会見・令和3年2月9日
https://www.tokyo.med.or.jp/press_conference/tmapc20210209

▼15　西日本新聞　2020年7月16日「尾身氏、旅行自体は感染起こさず」
https://www.nishinippon.co.jp/item/o/626730/

▼16　西村大臣及び尾身会長記者会見要旨　令和２年12月21日（月）
https://corona.go.jp/news/pdf/daijin_youshi_1221.pdf
▼17　政府分科会 尾身会長「年末年始に向け感染対策の徹底を」
https://www3.nhk.or.jp/news/html/20201221/k10012776931000.html
▼18　同右
▼19　平賀充記「リモート強制された大学生たちの偽らざる本音」（東洋経済オンライン　２０２１年４月25日）
https://toyokeizai.net/articles/-/424730
▼20　佃光博「就活現場で一気に普及『オンライン面接』の功罪」（東洋経済オンライン　２０２０年10月８日）
https://toyokeizai.net/articles/-/379269
▼21　厚生労働省　報道発表資料２０２１年５月18日
「令和３年３月大学等卒業者の就職状況を公表します」
https://www.mhlw.go.jp/stf/houdou/0000184815_00016.html
▼22　文部科学省　事務連絡　令和２年２月25日
「学校の卒業式・入学式等の開催に関する考え方について」
https://www.mext.go.jp/content/20200225-mxt_kouhou02-000004520_02.pdf
▼23　令和２年２月27日　新型コロナウイルス感染症対策本部（第15回）
https://www.kantei.go.jp/jp/98_abe/actions/202002/27corona.html
▼24　日本経済新聞　２０２０年２月27日

「突然の全国休校要請　授業不足、働き手確保に影響も」
https://www.nikkei.com/article/DGXMZO56156490X20C20A2EA2000/?n_cid=DSREA001
▼25　第２０１回国会　参議院予算委員会　第4号　令和2年3月2日
https://kokkai.ndl.go.jp/txt/120115261X00420200302/192
▼26　公益社団法人　日本小児科学会　予防接種・感染症対策委員会　２０２０年5月20日
「小児の新型コロナウイルス感染症に関する医学的知見の現状」
https://www.jpeds.or.jp/uploads/files/20200520corona_igakutekikenchi.pdf
▼27　文部科学省　令和3年5月7日「コロナ禍における児童生徒の自殺等に関する現状について」
https://www.mext.go.jp/content/20210507-000014796-mxt_jidou02_006.pdf
▼28　ITmedia ビジネスオンライン・２０２１年3月19日
「時短営業で〝月１８０万円ボロ儲け〟……ここがおかしい時短協力金制度」
https://www.itmedia.co.jp/business/articles/2103/19/news046.html
▼29　一般社団法人　日本フードサービス協会「外食産業データ」
http://www.jfnet.or.jp/data/y/data_c_y20.html
▼30　日本経済新聞　２０２１年7月8日
「飲食店協力金、先渡し　誓約書提出で一律1日4万円」
https://www.nikkei.com/article/DGXZQOUA085QE0Y1A700C2000000/
▼31　総務省統計局　労働力調査（基本集計）２０２１年（令和3年）3月分
https://www.stat.go.jp/data/roudou/rireki/tsuki/pdf/202103.pdf

▼32　厚生労働省　報道発表資料　２０２１年１月29日
「一般職業紹介状況（令和２年12月分及び令和２年分）について」
https://www.mhlw.go.jp/stf/houdou/0000192005_00010.html

▼33　内閣府男女共同参画局　２０２１年５月21日
「ＤＶ相談件数の推移（令和２年度）」
https://www.gender.go.jp/policy/no_violence/pdf/soudan_kensu.pdf

▼34　令和２年中における自殺の状況　厚生労働省自殺対策推進室　警察庁生活安全局生活局全
企画課　令和３年３月16日
https://www.npa.go.jp/safetylife/seianki/jisatsu/R03/R02_jisatuno_joukyou.pdf

▼35　内閣府　２０２１年１－３月期四半期別ＧＤＰ速報（１次速報値）
https://www.esri.cao.go.jp/jp/sna/data/data_list/sokuhou/files/2021/qe211/pdf/gaiyou2111.
pdf

▼36　新型コロナウイルス、現在の感染者・死者数（４日午後７時時点）死者３９７．４万人に
https://www.afpbb.com/articles/-/3354958

▼37　日本国内の感染者数（ＮＨＫまとめ）
https://www3.nhk.or.jp/news/special/coronavirus/data-all/

▼38　札幌医科大学医学部付属病院フロンティア医学研究所ゲノム医科学部門
https://web.sapmed.ac.jp/canmol/coronavirus/index.html

▼1 原文は National Archives より
https://www.archives.gov/founding-docs/declaration-transcript
▼2 渋谷秀樹・赤坂正浩『憲法1 人権〔第2版〕』（有斐閣アルマ ２００５年）50頁

第二章

▼1 百瀬孝著・伊藤隆監修『事典 昭和戦前期の日本 制度と実態』（吉川弘文館、平成二年）、一三六頁。
▼2 同右、一三七頁。
▼3 大沢秀介『憲法入門』（成文堂、一九九八年）
▼4 ＪＡＣＡＲ（アジア歴史資料センター）Ｒｅｆ.Ａ０３０２２１６４５００、御署名原本・昭和十三年・法律第五五号・国家総動員法制定軍需工業動員法及昭和十二年法律第八十八号（軍需工業動員法ノ適用ニ関スル件）廃止（勅令第三百十五号参看）（国立公文書館）
https://www.digital.archives.go.jp/img.pdf/677300
▼5 前掲『事典 昭和戦前期の日本 制度と実態』一四〇頁
▼6 内田健三・金原左門・古谷哲夫『日本議会史録３』第一法規出版、平成三年
▼7 企画院研究会編『国家総動員法勅令解説』新紀元社、昭和十八年
▼8 （「２００７年タイ王国憲法」日本貿易振興機構（ジェトロ）バンコクセンター編／翻訳協力・タイ経済パブリッシング株式会社）https://www.jetro.go.jp/ext_images/world/asia/th/business/regulations/pdf/general_1_2007.pdf
▼9 前掲『憲法入門』二二一頁。

▼10　第七二回国会　衆議院　予算委員会　第五号　昭和四八年一二月一〇日　吉國一郎
https://kokkai.ndl.go.jp/#/detail?minId=107205261X00519731210&current=1

▼11　第八七回国会　衆議院　予算委員会　第二一号　昭和五四年三月七日　真田秀夫
https://kokkai.ndl.go.jp/#/detail?minId=108705261X02119790307&current=1

▼12　ＪＥＴＲＯビジネス短信　２０２０年３月24日
「トランプ米大統領が第２弾の新型コロナウイルス対策法に署名、検査無償化や有給休暇を拡充（米国）」
https://www.jetro.go.jp/biznews/2020/03/4563b51ff59e2ef6.html

▼13　ＪＥＴＲＯビジネス短信　２０２０年２月７日
「新型コロナウイルスの流行拡大を受け、各地で企業向け支援策相次ぐ（中国）」
https://www.jetro.go.jp/biznews/2020/02/42f0af35c17ab5d6.html

▼14　ＪＥＴＲＯビジネス短信　２０２０年３月23日
「新型コロナ経済対策第３弾、休業従業員給与の８割を補助（英国）」
https://www.jetro.go.jp/biznews/2020/03/a9a4a8098436b04e.html

▼15　最大判昭和28年12月23日民集第７巻13号１５２３頁
https://www.courts.go.jp/app/hanrei_jp/detail2?id=56042

▼16　最三判平成14年６月11日民集第56巻５号９５８頁
https://www.courts.go.jp/app/hanrei_jp/detail2?id=52242

▼17　原田尚彦『行政法要論（全訂第七版補訂二版）』学陽書房、２０１２年２７５頁

▼18　ＴＰＰ11協定附属書九－Ｂパラ３（ｂ）、日中韓投資協定議定書パラ２（ｃ）

第三章

▼1　第204回国会　衆議院本会議　第5号（令和3年1月29日）
https://www.shugiin.go.jp/internet/itdb_kaigiroku.nsf/html/kaigiroku/000120420210129005.htm

▼2　最三判昭和47年5月30日民集第26巻4号８５１頁
https://www.courts.go.jp/app/hanrei_jp/detail2?id=51979

▼3　第80回国会　衆議院　地方行政委員会　第21号　昭和52年5月13日
https://kokkai.ndl.go.jp/simple/detail?minId=108004720X02119770513&spkNum=83#s83

▼4　最大判昭和38年6月26日刑集17巻5号５２１頁
https://www.courts.go.jp/app/hanrei_jp/detail2?id=51735

▼5　最大判昭和43年11月27日民集22巻12号２８０８頁
https://www.courts.go.jp/app/hanrei_jp/detail2?id=54996

▼6　日本維新の会　政策提言「維新八策２０２１」２０２１年8月25日
https://o-ishin.jp/news/2021/images/3858edd04d0a9813e048310faac8023c0a057034.pdf

▼7　最二判昭和57年2月5日民集36巻2号１２７頁
https://www.courts.go.jp/app/hanrei_jp/detail2?id=54252

▼8　高辻正巳「財産権と公共の福祉」『法学教室』六号、１９６３年

▼9　大橋洋一「感染予防のための行動制限と補償」（『論究ジュリスト』２０２０年10月号所収）53－54頁

▼10　第２０４回国会　内閣委員会　第2号（令和3年2月1日）
https://www.shugiin.go.jp/internet/itdb_kaigiroku.nsf/html/kaigiroku/000220420210201002.htm

▼11　「感染者立ち寄りで店名公表は違法」ラーメン店が徳島県を提訴　２０２１年2月5日
https://www3.nhk.or.jp/news/html/20210205/k10012852071000.html

▼12　「狙い打ち時短命令は違憲・違法」　グローバルダイニングが〝１０４円〟の損害賠償求めて東京都を提訴した理由　２０２１年3月22日
https://www.itmedia.co.jp/business/articles/2103/22/news136.html

▼13　第２０４回国会　内閣委員会　第2号（令和3年2月1日）
https://www.shugiin.go.jp/internet/itdb_kaigiroku.nsf/html/kaigiroku/000220420210201002.htm

▼14　コロナ禍検証プロジェクト　２０２１年4月29日
重点措置での酒類提供停止は「特措法の委任の範囲を超え、違法の疑い」京大の曽我部教授が見解
https://note.com/verify_corona_ka/n/na6323b993537

▼15　第２０４回国会　衆議院　内閣委員会　第21号　令和3年4月23日
https://kokkai.ndl.go.jp/#/detail?minId=120404889X02120210423&current=1

▼16　第２０４回国会　衆議院　内閣委員会　第22号　令和3年4月28日
https://kokkai.ndl.go.jp/#/detail?minId=120404889X02220210428&current=1

▼17　朝日新聞　２０２１年7月9日「自粛警察をやれというのか」　西村大臣発言に銀行困惑

https://digital.asahi.com/articles/ASP795S0RP79ULFA025.html

▼18　「新型コロナ特措法改正 政府に補償は禁句?!」日本維新の会幹事長馬場伸幸　倉山満 【チャンネルくらら】

https://www.youtube.com/watch?v=uSaaQEOxzsU

▼19　補償でなく協力金の理由!?受忍限度論とは？　日本維新の会幹事長 馬場伸幸 倉山満 【チャンネルくらら】

https://www.youtube.com/watch?v=LcCnDQNoWbw

▼20　新型コロナウイルス感染症に係るワクチン接種のための筋肉内注射の歯科医師による実施について（令和3年4月26日／厚生労働省医政局医事課、医政局歯科保健課、健康局予防接種室）

https://www.jda.or.jp/jda/release/cimg/2021/20210427_coronavirus_wakuchin.pdf

▼21　プレスリリース　歯科医師によるワクチン接種について

https://www.jda.or.jp/jda/release/detail_144.html

第四章

▼1　「新型コロナ特措法改正政府に補償は禁句?!」日本維新の会 幹事長馬場伸幸　倉山満 【チャンネルくらら】

https://youtu.be/uSaaQEOxzsU

▼2　【国会中継】衆院本会議　政府4演説への代表質問（2021年1月21日）

https://www.youtube.com/watch?v=wZW59z3vkIE

▼3　第２０４回国会　本会議　第3号（令和3年1月21日）
https://www.shugiin.go.jp/internet/itdb_kaigiroku.nsf/html/kaigiroku/000120420210121003.htm

▼4　補償ではなく協力金の理由!?受忍限度論とは？　日本維新の会　幹事長馬場伸幸　倉山満【チャンネルくらら】
https://youtu.be/LcCnDQNoWbw

▼5　緊急事態延長に補償を！　ＰＰＰ給与保護プログラム　国民民主党 代表玉木雄一郎　倉山満【チャンネルくらら】
https://youtu.be/HS8smEVJKKk

▼6　新型インフルエンザ等対策特別措置法等の改正案成立等についての会見
https://www.kantei.go.jp/jp/99_suga/statement/2021/0203kaiken.html

▼7　【詳細】コロナ対策の改正特別措置法など成立 その内容とは？
https://www3.nhk.or.jp/news/html/20210203/k10012847221000.html

▼8　「孤独・孤立対策」担当に坂本少子化相　首相指示
https://www.nikkei.com/article/DGXZQODE115350R10C21A2000000/

▼9　緊急特番！西村康稔大臣の議員辞職を求めます　弁護士横山賢司　憲政史家倉山満【チャンネルくらら】
https://youtu.be/X62BvhBGdKY

▼10　西村担当相と尾身会長が会見　東京に「緊急事態宣言」再発出へ

https://www.youtube.com/watch?v=xmgocV1ovkk

▼11　最大判平成4年7月1日民集第46巻5号437頁
https://www.courts.go.jp/app/hanrei_jp/detail2?id=53375

巻末鼎談

▼1　最大判昭和30年1月26日刑集第9巻1号89頁
https://www.courts.go.jp/app/hanrei_jp/detail2?id=54731

▼2　最二判平成元年1月20日刑集第43巻1号1頁
https://www.courts.go.jp/app/hanrei_jp/detail2?id=50334

▼3　前掲（注1）最大判昭和30年1月26日

▼4　昭和三十四年法律第百五十五号　小売商業調整特別措置法
https://elaws.e-gov.go.jp/document?lawid=334AC0000000155

▼5　最大判昭和47年11月22日刑集26巻9号586頁
https://www.courts.go.jp/app/hanrei_jp/detail2?id=50995

▼6　最大判昭和50年4月30日民集29巻4号572頁
https://www.courts.go.jp/app/hanrei_jp/detail2?id=51936

▼7　最大判昭和62年4月22日民集41巻3号408頁
https://www.courts.go.jp/app/hanrei_jp/detail2?id=55203

▼8　最大判昭和38年6月26日刑集17巻5号521頁
https://www.courts.go.jp/app/hanrei_jp/detail2?id=51735

▼9　最大判昭和43年11月27日刑集22巻12号1402頁
https://www.courts.go.jp/app/hanrei_jp/detail2?id=50697
▼10　最三判平成4年12月15日民集46巻9号2829頁
https://www.courts.go.jp/app/hanrei_jp/detail2?id=54281
▼11　新型コロナウイルス感染症対策分科会（第21回）議事次第：令和3年1月8日（金）
https://www.cas.go.jp/jp/seisaku/ful/bunkakai/corona21.pdf
▼12　今冬の感染対策の効果の分析について～人出と感染者数を中心に～令和3年4月8日版
https://www.cas.go.jp/jp/seisaku/ful/taisakusuisin/bunkakai/dai1/kouka_bunseki.pdf

〈著者紹介〉

倉山満

憲政史研究家。一九七三年（昭和四十八年）香川県生まれ。

一九九六年中央大学史学科を卒業後、同大学院博士前期課程を修了。在学中より国士舘大学日本政教研究所非常勤研究員として同大学で日本国憲法を教える。

二〇一二年より希望日本研究所所長を務める。同年、コンテンツ配信サービス「倉山塾」を開講、翌年には『チャンネルくらら』を開局。二〇二〇年六月に一般社団法人救国シンクタンクを設立し、理事長・所長に就任。

関連著作一覧

『誰が殺した？ 日本国憲法！』（講談社、二〇一一年）

『検証 財務省の近現代史 政治との闘い 150 年を読む』（光文社新書、二〇一二年）

『検証 検察庁の近現代史』（光文社新書、二〇一八年）

『嘘だらけの日米近現代史』（扶桑社新書、二〇一二年）

『嘘だらけの日英近現代史』（扶桑社新書、二〇一六年）

『嘘だらけの日仏近現代史』（扶桑社新書、二〇一七年）

『嘘だらけの日独近現代史』（扶桑社新書、二〇一八年）

『帝国憲法の真実』（扶桑社新書、二〇一四年）

『新装版 お役所仕事の大東亜戦争 いまだに自立できない日本の病巣』（マキノ出版、二〇二〇年）

〈原書は『お役所仕事の大東亜戦争 なぜ日本は敗戦国のままなのか』（三才ブックス、二〇一五年）〉

『日本人だけが知らない「本当の世界史」なぜ歴史問題は解決しないのか』（PHP 文庫、二〇一六年）

〈原書は『歴史問題は解決しない 日本がこれからも敗戦国であり続ける理由』（PHP 研究所、二〇一四年）〉

『日本国憲法を改正できない 8 つの理由』（PHP 文庫、二〇一七年）

『国際法で読み解く戦後史の真実 文明の近代、野蛮な現代』（PHP 新書、二〇一七年）

『ウェストファリア体制 天才グロティウスに学ぶ「人殺し」と平和の法』（PHP 新書、二〇一九年）

『右も左も誤解だらけの立憲主義』（徳間書店、二〇一七年）

『真実の日米開戦 隠蔽された近衛文麿の戦争責任』（宝島社、二〇一七年）

『天皇がいるから日本は一番幸せな国なのです 世界最古の立憲君主制の国』（宝島社、二〇二〇年）

『世界の歴史はウソばかり 倉山満の国民国家論 新装版』（ビジネス社、二〇一九年）

〈原書は『世界の歴史はウソばかり 倉山満の国民国家論』（ビジネス社、二〇一八年）〉

『東大法学部という洗脳　昭和 20 年 8 月 15 日の宮澤俊義』（ビジネス社、二〇一九年）

『桂太郎――日本政治史上、最高の総理大臣』（祥伝社、二〇二〇年）

『口語訳 日本国憲法・大日本帝国憲法』（KADOKAWA/ 中経出版〈新人物文庫〉、二〇一五年）

『トップの教養 ビジネスエリートが使いこなす「武器としての知力」』（KADOKAWA、二〇二〇年）

自由主義の基盤としての財産権
コロナ禍で侵害された日本国民の権利

2022年1月21日　初版発行

編　者　救国シンクタンク
発行者　伊藤和徳

発　行　総合教育出版 株式会社
〒170-0011
東京都豊島区池袋本町3-21-6
電話　03-6775-9489
発　売　星雲社（共同出版社・流通責任出版社）

構成・編集協力　倉山工房
編集　土屋智弘
装丁　奈良香里
販売　山名瑞季
帯写真　御厨慎一郎
印刷・製本　株式会社シナノパブリッシングプレス

Printed in Japan
ISBN978-4-434-29470-9